JN052070

ワンオペ
家事&育児に
絶望した
私が見つけた
家族のシアワセ

ほしいのは

『つかれない家族』

ハラユキ
Harayuki

Hoshiinoha
Tsukarenai Kazoku

講談社

「夫」につかれた

「妻」につかれた

「子ども」につかれた

「家事」につかれた

「育児」につかれた

「夫婦」につかれた

「家族」につかれた

「イライラすること」につかれた

「怒ること」につかれた
「がまんすること」につかれた
「恨むこと」につかれた
「あきらめること」につかれた

もしあなたが、
今そんなふうに思っていたり、
将来そうなりたくないと
思っていたりするなら……

これは、
そんなあなたの
ための本です

目次

第3章

「つかれない家族」はこんなふうに暮らしている……65

ケーススタディ①
双子を含む子どもが6人!!
イギリス国際結婚ファミリー……66

ケーススタディ②
便利アイテム&時短グッズを活用しまくる
京都仲良し夫婦……87

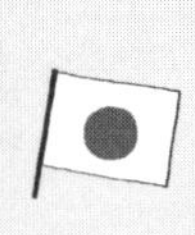

この本の使い方

①本を読みながら、
「自分にとってのつかれない家族」
について考えてみる

②パートナーにこの本を渡し、
読むことをすすめてみる

③パートナーとこの本の感想を伝え合い、
「自分たちにとってのつかれない家族」
について話し合ってみる

④これから育児をスタートする、
または夫婦のコミュニケーションに悩む
友人知人にプレゼントしてみる

第1章

Hoshiinoha
Tsukarenai
Kazoku

わが家が「つかれる家族」だったわけ

私は
フリーランスの
イラストレーター
自宅で
イラストや
マンガを
描いています
フリー歴
10年以上
IN東京
夫は
会社員
建築設計の
仕事を
しています
都内某社
勤務
海外出張
もアリ
夫は仕事の
目標が高く
明確
でも
残念ながら
オレは天才
じゃない
だから目指す
世界にいくには
ひたすら努力し
続けるしかない！
こんな性格のうえ
職業柄もあり
かなりの
ハードワーク
一方で
恋愛観は
自分と全く
違う世界観を
持っていて
働いている
人がいい
じゃないと自分の
世界が広がら
ないし人生が
おもしろくないよ
オレをほめる
ばかりじゃなく
ときには批判する
くらいの人がいいな

そんな夫を
私はこんなふうに
思っていました
そんな
考え方をする
男の人に
はじめて
会ったよ！
仕事に対する
姿勢も尊敬
できる……!!
そして
つきあう
ことになり
同棲を
経て
結婚
2012年に
息子を授かり
夫婦仲良く
協力して
子育てする
ように……
息子
ニックネーム
ぽっちん
or
ぽっちゃん

なりませんでした
…
全っっ然
なりませんでした
ぼろっ
ぎーこ
ぎーこ
眠い……
とにかく
眠い……
……あれ?
なんで私
こんなに
つかれてるん
だっけ……?
ぼ――…

——もともと私は
妊娠中から
こんな予想と覚悟は
していたのですが
夫のあの
忙しさだと
かなりひとりで
育児することに
なりそうだな〜
徹夜明け
がんばろ!!
里帰り中に
しっかり勉強して
こなきゃ!
でも現実は
私の予想を
はるかに超えて
いたのです
私が
つかれていた
理由を挙げて
いくと
①出産に夫が来ない事件
私の妹
電話にも
出ないよ
前日が
仕事が遅く
ずーーっと
寝てた
②夫の天然発言
出産後に
やってきて
この子
もらえる
んだーー!!
えっ…私が
10ヵ月お腹で
育ててたんです
けど!?

③産後1ヵ月半で仕事復帰
フリーランスは
育休手当もないし
さらに働いていないと
来年保育園に
入れてもらえない
んだよね……
ウエエエエ
ハーイ
ちょっと
待ってー！
④両実家 遠い問題
昼間は
育児
↓
寝かしつけ
後に仕事
私の実家
富山
住んでるのは
東京
夫の実家
神戸
⑤夫が手間かかる問題
がくっ
せめて自分の
脱いだ靴下
くらい片づけて
ほしい……
こんなことで
イライラする
小さい自分も
イヤ…
⑥夫がたまに育児しても
より好み激しい問題
ぽうちゃん
うんち
したよーー
ハイ！
ねえ 私いま
料理してる
よね？
なんでおしっこ
しか替えないの？
⑦夫のケンカ売ってんのか発言
食品の
宅配？
外出が減ると
君の産後デブが
直らない
んじゃない？
うーーん
子連れで
どーやって重たい
買い物するのよ!!
⑧夫と連絡とれない問題
徹夜で
帰宅も
しなかった
↓
……せめて
ごはんいらない
って連絡くらい
してよ……
朝が夜ごはんの
片づけから
始まる…

⑨猫の赤子嫉妬問題
シャー
前はいっさい
粗そうしなかったのに
産後に急に
またふとんに!!
⑩ひとりで風呂に入れない問題
夫が深夜帰り
なので2人で
入るため自分は
ササッと洗っていたら
ハッ
ウソ
首にアカ
残ってる!
⑪長時間だっこ問題
もともと
腕力はないから
腕と手と腰が
壊れてきた……
いてててててて
⑫ワンオペお食い初め事件
ハーイ
こっち
向いてー
ひとりで
準備から
記念撮影まで
やった
⑬夫の正直すぎ発言
オレ
会社に
行っちゃう
とさー
育児って
他人ごと
えっ
今
なん
つった?
さらっ
こんな日々を
送っている
うちに——
このあたりの詳細は拙著『王子と赤ちゃん』をどうぞ…

私は夫に
かなりイライラ
するようになり……

あのさー
何度も言ってる
けど　せめて
自分のことは
自分でやってよ！

脱いだ
靴下は
……

あー
ごめん
ごめん

ハイハイ
もー
朝からカリカリ
しないの！

ね！

すりっ

ぐい
え
……
え―
冷た―…
そうやって
夫とはだんだん
距離ができて……
なんであんなに
イライラ
してんだ……
……でも私は
子育て自体は
楽しくて
寝顔だけでも
ず――っと
見てられる―
息子は
むちゃくちゃに
かわいくて
愛おしくて
私は体力も
バイタリティも
わりとあるので
ひとり
子連れ新幹線
ひとり
子連れ
外食
当たり前
ひとり
子連れ
結婚パーティー
参加
よっ
ほっ
「ワンオペ育児の
スキル」を
どんどん上げて
いきました

でも
産後3ヵ月
いてっ
何この
背中の
激痛……？

帯状疱疹（たいじょうほうしん）
ですね
つかれと
ストレスです
え

さらに
産後
5ヵ月
おえっ
急性
胃腸炎ですね
つかれです
え

え？
まさかぁ？
私 体力に自信あるし育児も楽しくやってますけど……？

そう 私は はじめての育児に夢中になっていたのか自分のつかれすら気づいていなかったのです
おえっ
カチカチ
今日はさすがに早く帰ってきてもらおう……

大丈夫？ なるべく早く帰ります
ほっ…
でも その日

夫は連絡もなく帰ってこなくて

…………
はあ
はあ

もう
ムリだ
こんなの
「家族」
じゃない……‼
ひっ ひっ
私の立場って
いったいなん
なんだろう……

翌日……
夫はさすがに
平謝りしましたが
ごめんっ
仕事が
どーしても
終わらなくてっ
………
とにかく
まずは少し
休ませて……
ぽうちゃん見てて
半日後
さらに
全身にナゾの
赤い発疹が出て
ぞくっ
なに
これ……
でもそのあと
産後はじめて
息子が家に
いない状況で
2時間熟睡したら
………
嘘みたいに
その発疹が
すべて消えて
やっと
私は
認めた
のです

私は育児をなめてた
ワンオペ育児なんて不可能なんだ
そこでついに2人でちゃんと話し合いの時間をとると……
ホントに全部オレが悪いとは思ってる……
でもとにかく仕事が忙しすぎて……
それ本当に悪いと思ってる顔じゃなくない？
本当はそっちだって不満あるんじゃない？

――すると夫は重い口を開いてこう言ったのです
オレだって子どもはかわいいけど……
君は想像してた以上に赤ちゃんにはまってたから幸せそうでよかったと思ってたし……
だから育児は安心してまかせてた
は？
なにそれ話がずれてない!?
そういうのと大変なときに助けてもくれないって全然別問題で
だからそれは全部オレが悪いけど
ホントに忙しくてごめん
でも
正直に言うと……
それでわかったのは
夫がつかれている理由

①仕事がとにかく忙しい
とにかく
いつもチームが
人手不足で
ギリギリ
②妻がいつも怒っている
なんで
これ
片づけて
くれないのよ
ギャー
③妻が突然キレる
は!?
このまえも
言ったでしょ!?
キー
④フォローしようとしても
とりつくシマもない
さわら
ないで
え
⑤妻が基本 冷たい
授乳中は
さわらないで!
プイ
だって
いつも
授乳中…
⑥家に居場所がない
特に寝室
2人の
世界…
……

⑦休日もゆっくり休めない
外食してもおちつかない…
うえええん
⑧妻の話がすべて子どもの話
今日はぽうちゃんがあーでニーでニーでニーであーでニーで
⑨妻がずっと授乳服
色気ないいな〜
⑩妻がずっと産後太り
ごろごろ
美しくない……
君は育児が大変そうだから言わないようにしてたけど……
いやでも悪いのはオレですオレなんですけど!!
…………
…………
…………
…………
…………

私は私で
違う方向から
考えるように
なり……

夫の言うことは
つっこみどころが満載
とはいえ……どうしたら
この状況が解決
できるのかな？

ケンカしたり
歩み寄ったり
してるうちに

息子ぽっちん
1歳2ヵ月で
保育園へ

そして
話は

……

ぼろろ

ここに
戻るのです

ぎーこ
ぎーこ

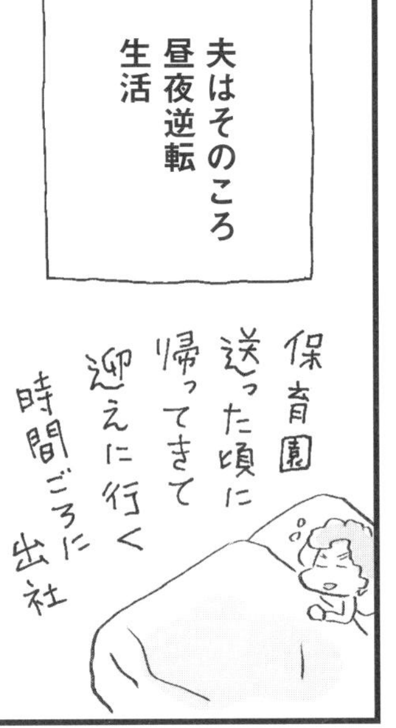

前よりも家事育児に協力的になってきたけど……

結局仕事が忙しくなると元通り……

あの人 口では男女平等みたいなこと言ってても 実際は全然違ったよね……

あれじゃやってることは昭和の亭主関白だった私の父といっしょだよ……

それにいつもお互いに忙しくて

ゆっくり話し合うこともできなくて

ただ毎日をやっとでこなしていく日々……

参考にしたくて周りのいろんな人に話を聞いてきたけど

期待すると裏切られたときつらいからうちはあきらめた

パパはいないと思ったほうがいいよ

男なんてそんなもんだって!!

そんな意見が多くて

やっぱそういうことなのかな……

私ももうあきらめようかな……

ぼー

考えるのも
ケンカするのも
つかれたし
とにかく
眠いし……
ぼー
最近ぽっちんの
夜中起きも
ひどいし…
そんなこと
思いながら
保育園の
お迎えに
行ったら
さー
家に帰ろう
ねー
あっ！
ぐらっ
!!
がしゃん

ぴえ・え・え・え
ごめん!! 頭打った? 大丈夫?
幸い息子はケガもなくすぐに泣きやみましたが
ひっく ひっく
息子は以前頭のケガをしたことがあるので
私はその思い出もフラッシュバックして
ぼたぼた ぼた ぼた

そして

ダメだダメだ やっぱり私が あきらめちゃ ダメなんだ!!

なんとか しなきゃ

私が今のまま つかれた状態で 育児を続けるのは 息子にとってリスクが 大きすぎるんだ

私は
息子のためにも
あきらめちゃ
ダメなんだ

そんなふうに
強く思った
のです

さらに
同じ頃

ん？

へー
こんなの
読んでるん
だ〜

家にあった
夫のビジネス書を
何気なく
読んでみたら……

それらに
よく出てくる
言葉に
私は
ビックリ
したのです
社長(上司)が
いなくても
ちゃんと会社が
回ることが
大事
え……
これって 会社を
家庭に置き換えて
考えると……
母がいなくても
ちゃんと子どもが
生きていけるように
するのが大事
てこと
じゃない?
だって今
私が死んだら
夫の
家事育児
能力じゃ
大変な
ことに!

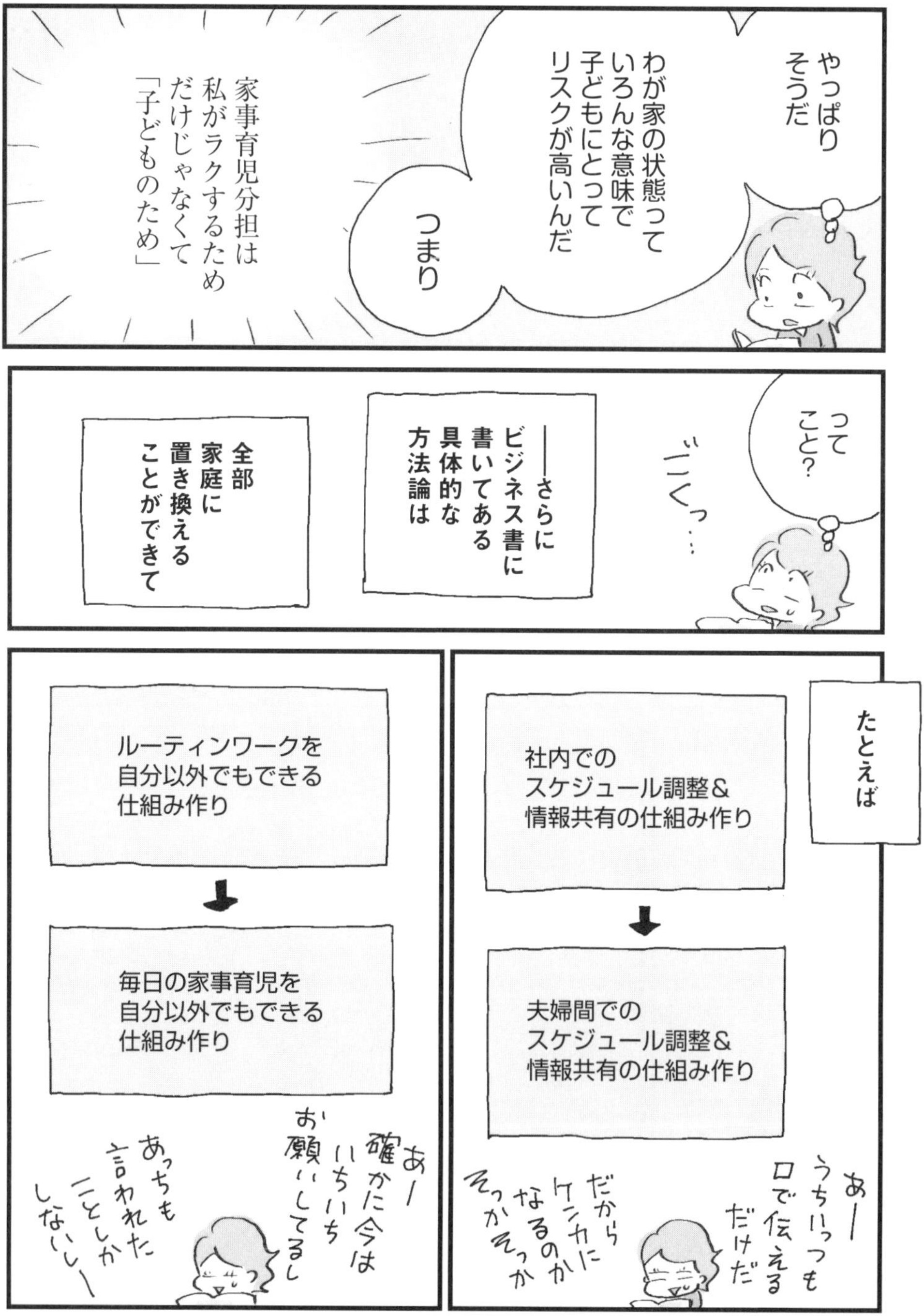

やっぱり
そうだ

わが家の状態って
いろんな意味で
子どもにとって
リスクが高いんだ

つまり

家事育児分担は
私がラクするため
だけじゃなくて
「子どものため」

って
こと？

ごくっ…

——さらに
ビジネス書に
書いてある
具体的な
方法論は

全部
家庭に
置き換える
ことができて

たとえば

社内での
スケジュール調整＆
情報共有の仕組み作り

↓

夫婦間での
スケジュール調整＆
情報共有の仕組み作り

あー
うちいっつも
口で伝える
だけだ

だから
ケンカに
なるのか
そっかそっか

ルーティンワークを
自分以外でもできる
仕組み作り

↓

毎日の家事育児を
自分以外でもできる
仕組み作り

あー
確かに今は
いちいち
お願いしてるし

あっちも
言われた
ことしか
しないしー

さらにさらに
この仕組みを作れない人は
ず――っとひとりで残業して
身体を壊し仕事も破綻する
この仕組みを作れない人は
ず――っとひとりで家事育児をして
身体を壊し家庭も破綻する
………
それは私には心当たりがありすぎる話で……
帯状ほうしん
胃腸炎
発疹…
確かにそうだ
うちには「仕組み」がないからつかれるしムダにケンカを繰り返してるんだ
そもそも私は亭主関白な父がいる家庭で育ったから
家事育児は女の仕事!!

私も無意識に「家事育児は私の仕事」と思い込んでたけど
だから夫に家事育児を頼むときつい謝ってしまう
ごめんね
謝らなくていいのに…
まずは私自身がその考え方から卒業したほうがいい
そして
うちに一番必要なのは
「夫も私もつかれない仕組み」なんだ!!
そんなふうに私は考えるようになっていったのです

そのために
私はまず
自分の考えを
整理し
そもそも
私は何に
つかれている
のかな？
それを
書き出して
みよう
これ
けっこう
オススメ
さらに
私がただ
怒ったり不満を
言ってるだけじゃ
なかなか状況は
変わらなかった……
要望はただ
「言う」だけじゃ
ダメなんだ
ちゃんと
「伝える」
ことが大事
私はいろんな
本を読んで
男女の考え方
の違いを
知りました
フム
フム
根が
マジメ
たとえば
そんななかで
知ったのは
人の会話には
2種類ある？
『働き方革命』
駒崎弘樹著
その
2種類とは

ひとつは仕事で使う「レポートトーク」（結論から話す）
もうひとつは家庭で使う「ラポールトーク」（プロセスを共有する）
ラポール＝安心感
問題点は○○で解決策は○○○！
→男性が得意といわれる
うんわかるよーイライラするよねー
→女性が得意といわれる
超わかる！
ただの愚痴を理論で返されてイラッとすることあるある！
理系理論派
それは○○だから…
そこで私はこの知識を活用して
アドバイスがほしいときは
ちょっと意見が聞きたいんだけどさー
お なになに
ただ話を聞いてほしいときは……
これはただのグチだからただ聞いてほしいんだけどさ〜
ハイハイ
みたいな前置きをつけてみたら

お互いに
会話の
ストレスも
減ったり
しました
会話
スムーズ
そんな
小さな工夫を
生活に
取り込んで
いきながら
そのうえで
夫とちゃんと
話し合い
ごめん最近
ホントに
仕事が
手一杯で
落ち着いたら
オレも
がんばるから
そのときに
言ったのは
……
がんばるとか
そういう言葉が
ほしいわけじゃないの
え？
ほしいのは
アイデアと
アドバイス

私は今の
わが家の
リスクを
説明し

そのうえで……

今の働き方で
それ以上
がんばるなんて
ムリだよ

もちろん
その働き方も
なんとかしたほうが
いいけど

うちに必要なのは
「がんばらなくても
まわる仕組み」

だから今 わが家に
必要なのってきっと
このあたりで

スケジュールなどの
情報共有

家事育児の時短
分担，外注

で 会社員の人って
同じようなこと
社内で
やってるでしょ？

スケジュールなどの
情報共有

業務の時短
分担，外注

この分野はフリーのイラストレーターの私より
会社員であるあなたのほうが得意だと思う
だからビジネス的な目線でうちにとってベストな方法を教えてほしいんだよ
……
これは言葉通りの意味と裏の狙いがあったのですが……
さあどうくるどうくる!?
頼られるのが好きで仕事人間な夫に合わせたこの作戦は!?
あのさ……
前にユキちゃんに貸してって言われたビジネス書あったでしょ？
え？
社内の仕組み作りの本のこと？

実はさ……
オレは仕事を自分でやったほうが早いからとひとりで抱え込みがちで
でもそのやり方も限界でなんとかしようとあの本を買ったわけで……
つまり何が言いたいかといえば
その分野はオレも大の苦手だ
ちょっと一会社員!!
いやだからオレも働き方をなんとかしたくて…
――こんなオチはついたものの
こういう話をしたことで
じゃあうちどーしよか？
なんとかしなきゃね
夫は家庭のことを「自分ごと」としてだんだん考えてくれるようになり

家事育児の話がしやすくなり
試しに家事育児分担表を作ってみた
まずはうちの家事育児の量と内容を知ってもらわないとはじまらないからね
ハーーイ
いろんなことを試してみて
夫の家事への参加がだんだん増えてきて
カレー作ったよ!!
だんだん料理をマスター
こっちの色のがいーな
息子の服買い物&コーディネート担当
たまに波風もありつつ
実はこれが一番効果があったけど万人にオススメの方法ではない…
もうムリ
離婚届
時は流れ息子は5歳になり

わが家も
「つかれない家族」に
少しなってきたかなと
思った頃に
予想外の
急展開が
起きたのです
それは
Barcelona
2017年
夫の仕事で
スペイン
バルセロナに
引っ越し！
そして私は
はじめての
海外暮らしに
バタバタし
夫も
はじめての
海外赴任に
バタバタし——
これ
スペイン語？
カタルーニャ語？
どーやって
買い物
するの？
？？

そんな生活のなかで――

5年かけて少しずつ増えてきた夫の家事育児参加は――

またゼロに戻りました
……

わかる……
夫が大変なのはよくわかる……
でも私も仕事は続けているし……
何よりここまでの道のりが長かったから……
ダメージ大きい……
大きすぎる……

そしてやれない
ことはしょうがない
にしても……
また育児のことが
「他人ごと」に
なってるのが一番
むなしい……

そしてお互いに
慣れない生活に
精神的に
ギリギリで
また
言い争いが
増えて……

私は何度も
何度も何度も
泣きました

でも
そんな
生活のなかにも

新しい出会い
はあり
友達もできて
子ども6人!?
どうやって
生活してるの〜?
え
!!

さらに
バルセロナは
グローバル
シティなので
私は
いままで以上に
いろんな家族に
出会うことになり

そんな
家庭の話を
積極的に
聞くように
なりました
特に興味
深かったのは
「子育て中でも
夫婦仲良し
そうな家族」

スウェーデン
アイスランド
オランダ
フランス
あらためて
正式に取材して
話を聞いて
取材をすれば
するほど
興味もふくらんで
私はスペイン
日本
それ以外の
国にも取材に
行きました

——そうやって
いろんな国籍
いろんなカタチの
家族にじっくり話を
聞くなかで
見えてきたのは
アイスランド
オランダ
富山
スウェーデン
東京
京都
フランス
最近はアジアやアメリカも…
世界共通の
「つかれない家族」
の暮らし方と考え方
この本ではそんな
いくつかの
家族の話を
紹介しながら
「つかれない家族」
の作り方を
紹介していきます
！
わが家がその後
どうなったかも描くよー
夫も私も
変化するよ！

第2章

Hoshiinoha
Tsukarenai
Kazoku

「つかれない家族」に共通している6つのこと

家族に「正解」はないけれど

日本でのワンオペ生活、そして予想外の海外でのワンオペ生活。私は自分の家庭をなんとかしたいという気持ちと単なる好奇心とで、いろんな家庭の話を聞くようになりました。そこで学んだこと、特に「**家事育児分担**」と「**家庭内コミュニケーション**」について紹介していくのがこの本なのですが、その前にまず押さえておきたい基本の大前提があります。

それは、「**家事育児分担や家庭内コミュニケーションに、正解はない**」ということ。

なぜなら、このふたつは、家族の人数、構成、性格、体質、好み、住んでいる場所、職種、勤務時間、金銭状況などによって、ベストが大きく変わってしまうからです。だから、どんなに仲良しな友人家族でも、憧れて尊敬している先輩家族でも、そのときの社会で主流と言われるものでも、そのやり方をそのままマネすればうまくいくわけじゃありません。たとえば、ある家庭では最高の方法とされていることが、ある家庭では最悪な方法としてケンカの火種になってしまうことだってあるのです。だから、**どこかの家庭に「正解例」を求めるのではなく、よその家庭の話はあくまでも「参考例」として、時間をかけて試行錯誤して「自分の家庭に合うやり方」を探っていくしかない**のです。

そう聞くと、「うわ、結婚って、面倒くさ!!」と思う人もいるかもしれません。

でも、これって、靴と同じようなものなのです。友人が履いていて素敵な靴でも、店員さんにオススメされた靴でも、大人気の靴でも、自分の足に合わなければ苦痛でストレスがたまるだけ。だから面倒でも、それなりに店を回って、試し履きして、自分の好みと足の形に合った靴を探します。手間と時間はかかりますが、自分にフィットした靴を見つけると、ぱあっとストレスが消えて快適に歩けるようになりますよね。それは家庭も同じです。自分の家庭にフィットした快適でつかれないやり方を見つけるには、たとえ多少面倒くさくても、**ある程度時間をかけて試行錯誤を繰り返したほうが、結果的に楽**なのです。

もともと私はこんなふうに思っていたので、どんな家庭の話も「それがいいか悪いか」ではなく、あくまでひとつの参考例として「へえ、いろんなやり方があるんだなあ」という気持ちで聞いていました。でも、取材やリサーチを重ねるうちに、あることに気づいたのです。

それは、住んでいる国や人種や家族のカタチが違っても、家事育児分担やコミュニケーションのやり方が違っても、**「子育て中でも仲がいい（ように私には見える）カップル」には、考え方や暮らし方に共通点があるということ。**これに気づいたときには、ハッとしました。

これこそが「つかれない家族」にとって大事な原点だ！　と思ったので、まずは、その「つかれない家族の共通点」を紹介していきます。

つかれない家族の共通点

その01

自分の役割に満足している

たとえば、運転が好きな人は長時間運転し続けても、つかれを感じにくかったり、むしろその時間が幸せだったりします。これは単純に、その人がそういうタイプだからです。

仕事や家事や育児でも、同じことをしても、人によってつかれの感じ方は大きく変わります。たとえば、働くことがストレスにつながる人もいれば、それが生きがいで喜びという人もいます。だから、仕事にできるだけ時間を割きたい人もいれば、家事育児にできるだけ時間を割きたい人もいるし、すべて同じくらいやってこそバランスが取れるという人もいます。これも、**良し悪しの話ではなく、単純に人間のタイプが違う**、それだけの話です。

そして、「子育て中でも仲がいいカップル」は、家族それぞれが、**自分のタイプまたは理想に近いカタチで生活できている**のです。**100%とは言わないまでも、なんとなく満足できている。結婚当初の理想とは形が変わったとしても、今は納得ができている。その役割にやりがいや喜びや幸せを感じることができている。モヤモヤが少ない。**そんな人が多いのです。

それはきっと、生活の根本である役割に不満を抱えたままだと、ストレスが大きいし、パートナーとの不平等感、それがひいては不仲にもつながってしまうからなのでしょう。逆に、自分が納得できる役割についていると、それを成り立たせてくれているパートナーへの感謝が生まれ、家族にも優しい自分でいられる、そういう好循環にもつながるようです。

つかれない家族の共通点

その02

話し合いができる

子育て中でも仲がいいカップル」にインタビューすると頻出するキーワードが「話し合っている」ということ。対面はもちろん、文章のやりとりも含む「話し合い」です。

ちなみに、この話し合いが意味するのは、**単純に言葉を交わし合う「会話」ではなく、お互いの信頼関係を築き合うための「対話」のこと。どちらかの主張や命令を一方的に聞き続けたり、どちらかが反対意見を挟む隙がまったくなかったりする場合は「対話」とは言いません。**

そう聞くと、「言葉にしなくても、以心伝心で通じ合えるのが理想の家庭じゃない？」と思う人もいるかもしれません。でも、**確認事項が星の数ほどある育児というミッションにおいては、すべてを以心伝心で行うのは不可能。**特に、新婚当初や、第1子の子育て中は、あらゆることを話し合って、お互いの好みやポリシーを知り、こだわりのあるほうがその役割を担当したり、意見の合わない部分では妥協点を探っていくことが大事になります。むしろ、**その過程を経ることで、だんだんと相手の好みや性格がわかり、自然に以心伝心の世界に移行していく**ことができるのです。

そのためにはまず、「自分の本心や希望をパートナーにうまく伝える」ということがスタートとなります。でも、実際はこれをうまくやるのはかなり難しいこと。この本では、第3章でいろんな具体例を挙げて、スムーズな話し合いのコツを紹介していきます。

つかれない家族の共通点

その03

お互いのことをパートナーだと思っている

家族の間に、**役割の違いはあっても、主従関係はない**。これも「子育て中でも仲がいいカップル」の特徴です。相手のことを「パートナー」とはっきり表現するカップルもあれば、言葉にしないものの、その関係性にはこの言葉がしっくりくる、というカップルもあります。

では、どういう関係が「パートナー」なのでしょう？　家庭によって多少定義は変わりますが、**「お互いにリスペクトがある」「相手が家庭以外でイキイキしている状態を魅力的だと感じる」**――そんな関係のことだと私は思っています。もちろん、長い結婚生活では、育児や介護や体調不良などで家庭以外の時間が持てない状況になることもありますが、そのときも、**どうしたらその人らしく生きられるかを一緒に考えられる**のがパートナーです。これはもちろん、お互いに、です。

逆に、パートナーではなく主従関係にある場合は、相手が自分と関係ない世界でイキイキしていることを不快に感じます。自分より相手が仕事などで活躍することを許せません。だから、相手の活動を家族のサポートだけに限定させ、過剰に束縛し、相手の希望を「わがまま」で片づけ、相手を自分の思想とスタイル一色に染めていきます。

ちなみに、このパートナーという考え方を持つのは、日本人同士のカップルより、欧州のカップルのほうが多いような気がします。欧州のカップルの場合、相手の自由と活躍を尊重・応援しますが、同時に金銭的にもシビアに平等を求める傾向が強いようです。

つかれない家族の共通点

その04

分担を「性差」ではなく「個人差」で決めている

いろんな家庭を取材してわかったことなのですが、**仕事や家事育児の向き不向き、好き嫌いに、男女差はほぼありません。**もちろん、出産と母乳の直接授乳だけは女性しかできませんが、このふたつは人生のほんのいっときの話です。

そもそも、人間というのは、男女というふたつだけに分けられるほど単純な生き物ではないのです。たとえば、バリバリ働き稼ぐのが上手な女性もいれば、仕事より家事のほうが好きという男性もいます。大工仕事が得意な女性もいれば、お菓子作りが得意な男性もいます。

つまり、「男だから大黒柱として働くべき」「男だから大工仕事を担当すべき」「女だから子育てに専念すべき」「女だから料理を担当すべき」というように**性差によって役割を決めていくと、本人の資質を活かせず、ストレスを生み、不仲を生み、生産性も上がらない、という悪循環に陥ることもある**のです。それは、家庭にとって大きなマイナスです。

だから、家庭内の役割分担は、性差ではなく個人差で決めていくのが、いちばん合理的でスムーズ。男だからやる、女だからやる、ではなく**「時間的にやれるほうが、または資質としてふさわしいほうが、やる」**。「子育て中でも仲がいいカップル」は、社会的な常識よりも、そういう視点で役割分担を決めていることが多いのです。もちろんそれをスムーズに実現するためには、性差別が少ない社会環境や職種を選んでいくことも必須条件となります。

つかれない家族の共通点

その05

こだわりがあるもの以外は「時短」「外注」「合理化」している

「子育て中でも仲がいいカップル」は、オーバーワークになってパンクしないように、家事育児の負担を家庭に合った量に調整しています。特に子どもが多かったり仕事が忙しかったりする場合は、**時短アイテムや外注サービスを取り入れることに躊躇（ちゅうちょ）がありません。さらっと鮮やかに楽をしています。**

でも、日本は「楽するのはダメなこと」という考え方が根強い国です。それはなぜ？

私が思うに、その原因のひとつは、楽していいこととダメなことがごっちゃになっているから。たとえば、スポーツや語学勉強のような「自分のための努力」に時間をかけるのは間違いなくいいことですが、家事や育児のような「（基本）人のための努力」は、必ずしも時間や手間をかければいいというものではありません。むしろ、**できるだけ楽をしたほうがいい**のです。なぜなら、やることが山ほどある育児中に負担が増えすぎると、よほどの聖人でない限り、**「私がこんなにがんばってあげているのになんで！」と、努力が闇感情に化けがち**だからです。**それは家族にとってはブラック親切であり、呪い**です。

でも逆に、こだわりがある分野の家事育児は、つかれを感じにくいので、闇感情に化けません。たとえば、裁縫が好きだから子どもの服を手作りしたり、サッカーが好きだから子どもに教えたりということです。**「手間をかけることが愛情」は家族への呪い**になりがちですが、**「愛情のあることに手間をかける」は、家族をハッピーに**しやすい。ここが見極めポイントです。

つかれない家族の共通点

その06

「大人時間」（子どもなしの時間）を大事にしている

「親**なんだから**」「**親のくせに**」……そんな言い方を聞くことがよくあります。もちろん、子育てでは、子ども優先にいろいろ考えたり動いたりする必要はありますが、人生の100%を「親」としてだけ生きろというのは、実はかなりむちゃくちゃな話です。

なぜなら、**人間は、子どもが生まれた瞬間に、細胞が入れ替わって「親という別の生き物」に変身するわけじゃないから。「親という自分」というモードがひとつ増えただけ**で、性格や趣味や思考が大きく変わるわけじゃないし、体質や体力が超人になるわけでもありません。それなのに、**親以外の「人間的な部分」や「弱い部分」を急に全否定されるのは酷**な話です。

だからこそ、育児中でも「**親じゃない時間**」を持つのはかなり大事です。もちろん、親になる前よりは時間は制限されますが、それでも、たまにでもその時間があるかどうかで、**ストレスはだいぶ減らすことができるし、たまに息抜きできることで、子どものかわいさもグッと増したり、子育てが楽しくなったり、家族に優しくなれたりするのです。**

「子育て中でも仲がいいカップル」は、この仕組みを理解しているので、**それぞれが好きなことができるひとり時間を持てるように**生活を組み立てます。そして、家庭によっては、**定期的にデート**の時間を楽しみます。このデートには、単なる娯楽以上に、子どもなしでゆっくり対話ができて、家族の問題を解決に導きやすいという側面もあるようです。

理想としてはわかるけど

ざーっと「つかれない家族の共通点」を挙げてきましたが、どう感じたでしょうか?「え~、本当にそうかな?」と疑いの気持ちを抱いたり、「理想としてはわかるけど、実際にそれを実行するって難しくない?」と思った人もいるのではないでしょうか。

そこで、次の第3章では、私が今までインタビューした「子育て中でも仲がいいカップル」のなかから、5つの家族をピックアップして、その具体的な暮らしを紹介していきます。この5つの家族を選んだ理由は、育児中の家庭における基本的で大事なことが詰まっていると感じたからです。

繰り返しますが、それぞれの家族のやり方は「正解例」ではありません。あくまでもひとつの「参考例」です。なので、それぞれの家庭のエピソードを紹介しながら、そこからマネできる可能性が高そうなこと、学べることを「つかれない家族のヒント」としてまとめました。これは、私にとっても大事なヒントとなった部分です。

驚くこともあるかもしれませんが、もしかしたらそんなところにこそ、あなたの家庭の問題を解決する鍵があるかもしれません。さあ、多種多様な家族の生活をのぞいてみましょう!

第3章

Hoshiinoha
Tsukarenai
Kazoku

「つかれない家族」はこんなふうに暮らしている

ケーススタディ❶

双子を含む子どもが6人!! イギリス国際結婚ファミリー

―IN スペイン・バルセロナ
（2017年12月取材）

毎日、毎日バタバタで
ホラ 行くよ！ 早く靴 履いて……
この靴下やっぱ イヤ――!!
ポイッ
ごめんオレ時間 ないから先行く
え!?

はぁ～
今日もやっと 1日終了…… 眠すぎる……
ゲシッ
イテッ
でも またすぐ 夜中の 授乳が……

ぐ――
……

……今日もまた 妻に触れる こともなく 寝るだけ…… か……
フッ…
第7子は ないな…

あ～あ…
こんな感じで 夜の夫婦の 時間を楽しむ どころじゃない!! そんな余裕なし!!
って夫婦は けっこう多いと 思うのですが……

わが家も その例に 漏れず…… でして……
カメラ目線を 外して告白…
ってゆーかうちの場合 夫の帰り深夜だわ 出張多いわで 99%息子と2人で寝てるしな

でも私の友人に こんな夫婦がいまして
イギリス人の夫
日本人の妻
現在スペイン・バルセロナ在住

その子どもの数、なんと
5歳
13歳
19歳
11歳
17歳
6人!? しかも 4男プラス 双子!?

そ そんなに子育てしながらどーーやってそ そんなに子どもいっぱい作れたの!?
しかもその兄弟構成!!
うーんよく聞かれるけど……
妻のMさん50代には見えない若さ&美しさ
今はともかく昔はかなりの頻度でしてたから
あっさり
どへー!!
いや、でもさ実際問題その体力と時間はいったいどこから来るのよ?
私なんて息子ひとりでくたくたで
そうねえ……うちは夫がイギリスの銀行勤務でいろんな国に住んだんだけど……
L家の引っ越しヒストリー
日本で知り合う
結婚ベトナムホーチミンへ
インドネシアジャカルタ
香港
戻る
マルタ島
スペイン
こんなに引っ越ししつつ6人も……
オイオイオイ
長男のときは私の母がすでに亡くなってたこともあってイギリスの夫の実家に帰って出産をしたの
それでよくわかったんだけどイギリスって夫婦の家事育児シェアは日本より一般的で
たとえば知人のイギリス人女性が……
うちは夜の授乳は夫が担当
でも母乳で育ててるんでしょ?
?
寝る前に搾乳しておいて夫はその母乳で授乳するの
母乳育児までシェア!?
私もさすがに最初は驚いたよー
さらにイギリスでは男性が育休を取ることが日本より多いので
授乳含め家事育児を夫婦でシェアするのは当たり前うちの夫も育児は普通にやってるよね

あとほめ上手だから子どももパパが大好きだし
見てダディ描いたの――!!
グレイト!!
こんなすごい絵は見たことないよ!!
さすが私のプリンセス!!

私のこともびっくりするぐらいほめるし
グレイト!!
人生で食べたディナーの中でいちばんおいしいよ！
毎晩言ってるな―
ザ・西洋人ってかんじ

なるほど……日本の場合家事育児の孤独さと疲れによって夫への気持ちが冷めていく……ってパターンはよく聞くのにむしろ**家事育児で夫の株が上がってる**んだ……
「ありがとう」すら言わない日本人夫も多いというのにそのほめ方!! そりゃうれしいよ――!!

あと子どもと夫婦で**ベッドが別**なのも大きいかも
でた!!
ベッド別派!!
フランスや北欧では多いって聞いたことあるけどイギリスもそうなんだ

L家の場合生まれてすぐは夫婦と子ども同室で
夜中授乳アリ
でもベッドはちゃんと分ける

生後半年くらいからは子どもは子ども部屋夫婦とは別室に
でもまだ半年じゃ夜中の授乳もあるよね……？

赤ちゃんって生後半年経てば夜中授乳なしで体力的にも大丈夫なんだって
あと、うちの子は**みんな半年で卒乳したよ**
早っ!!
1歳8ヵ月くらいまで授乳してた人

もちろん最初は夜中も泣いて叫ぶけど
うえええええ～
だんだんと 2週間くらいで
泣いても来ないとわかると起きないで眠るようになるよ
赤ちゃんもちゃんと学習するの

あと子どももひとりのほうが静かだし熟睡しやすいらしいよ
ぐっすり。。
そーゆー考えかたもあるか!!
なるほど……授乳含む家事育児をシェアして早めに卒乳して寝室は夫婦2人だけ……
それは確かに夫婦の夜の時間も作れるわけだけど……
でもあの0歳の小さいかわいい赤ちゃんと離れて眠るってかなりさみしいな……
赤ちゃんといっしょ…これはこれでかなり幸せ。。
私は添い寝授乳派でした
うーん
でも……子どもとずーーっと一緒に寝ると**つかれない?**
そ それは……
ギク
旅行中とかたまにならともかく
うちの夜の光景
生後7ヵ月のとき夜中授乳がすごく増えた時期あって死んだ
そして今5歳 夜中にけられて起こされる
いてっ
………
確かにものすっごくつかれてる……
現在進行形で
でしょ!? 別で寝ると本当に楽よ〜
私たちからすると子どもと同室のほうが信じられないよ
そうか、ずっと「子育て中だから睡眠不足でつかれてるのは当然」と思っていたけど
ポロ
ウロコ
「睡眠不足自体を解消させる」それは夫婦がつかれないためにはまさに必要なことなのかもしれない
うちもそろそろ別室にするか!? わーー子育て第2章だ!!

睡眠不足は当たり前ではない

息子が小さかった頃、私はなんであんなにつかれていたのだろうと思い返すと、そのいちばんの原因はやっぱり**睡眠不足**なんです。頭はぼうっとするし、夫にイライラするし、家事をがんばろうという気力が残っていませんでした。

大前提として、人間は寝ないと死にます。睡眠不足の人間は不完全な状態なのです。だから、**まともに寝てない人がニコニコ育児したり、家事をきちんとこなすなんて絶対無理。**そういうふうにできているのです。つまり、家事育児や夫婦の問題を解決したいなら、まずは**育児メイン担当者の睡眠時間をきちんと確保すること。**すべてはそこからです。

ちなみに、赤ちゃんが早くから長時間眠る睡眠リズムを作ることは「**ねんねトレーニング（略してねんトレ）**」とも呼ばれ、近年は日本でも取り入れる家庭が増えつつあります。なので、寝不足がどうしてもつらい人は、ねんトレを試すのもひとつの手。その際には、専門書を参考に実践するのがよさそうです。子どもの睡眠は押さえるべきポイントがたくさんあり、**自己流は失敗しがち**だからです。

もちろん、子どものタイプや時期によってはねんトレがうまくいかないこともありますが（本書のp165〜も参考）、まずは「**育児中の睡眠不足は我慢して当たり前ではない**」を家族の共通認識にすることから始めてほしいのです。睡眠は、人間の基本！

寝不足でつかれる ← 「絶対に子どもと一緒に寝るべきか」を考えてみる

『家族そろってぐっすり眠れる 医者が教える赤ちゃん快眠メソッド』
星野恭子監修 森田麻里子著（ダイヤモンド社）

小児の睡眠コンサルタントでもある医師による、エビデンスを重視した寝かしつけメソッド。子どもの睡眠の仕組みや、やり方の説明が具体的でわかりやすい！ ねんトレに対して前向きな気持ちになれます。

国際結婚で6人の子どもがいるL夫婦
イギリス人
日本人
4男+双子女子!!

家事育児分担について夫のSさんにも聞いてみた
今の話を聞くかぎり日本の家庭のほうが夫より妻がかなり多くの家事育児を担当している気がしたのですが……
それについてはどう思います？

するとこんな答えが
ああ有名だよね
たとえば西洋でよく聞くこんなジョークがあってね「男の理想の人生とは……」
ヤマトナデシコでしょ？

「アメリカの家に住み中国人のシェフを雇い日本人の妻を持つこと」
大きい家
美食
ひたすら夫に従う妻

え!?　日本女性って海外でそーゆーふうに思われてるの!?
「従う」が特徴!?
ハハハ
彼女は自己主張するから
うん、でもうちの妻は欧米人が思っているヤマトナデシコではないけどね
あと音楽の趣味があったのがひかれた理由

男女の不平等については世界的な問題だけど
日本は先進国の中では欧米社会より遅れを取っているように僕は思う

たとえば日本では会社の上のポジションにつく女性は欧米よりも少ないよね
上のポジションではないのに優秀で仕事のできる日本女性は多いよ

社会でもそうだし日本女性は家庭でも男性より下の立場にいることが多いかも……
そうだよね　だから僕は日本女性は

かわいそう
だと思っているよ
ひいっ
同情されてる……!!
とはいえ実は今、Sさんは週のほとんどは単身赴任
月〜木はマドリッド
金
バルセロナで自宅勤務
会社と子どもの教育などの事情により
土日休日
ただ個人的にはちょっと不思議に思う部分もあって……
イギリスでは家庭内で家事育児を平等に分担する家庭が多い……
でもそれってメインで働いている側は体力的にキツイんじゃないかと
週末自宅にいるときは積極的に家事育児をする
子どもの歯みがき
皿洗い
公園つれていく
?
きょとん
この日お宅におじゃましたときも……
シャッシャッ
キッチンで夜ごはんのシチュー作り中
でも当たり前のことだから
さらっ
あっさり返された!!
大変アピール全くしないな～
でも今日はたまたま!!
僕は料理はめったにしないよ!!
何度も説明された

イギリス　子ども６人
国際結婚ファミリー

うちの夫はイギリス人にしては家事育児しないほうよ それでケンカすることもあるし
うち アジア駐在時代長くてアジアのお手伝いさん文化になれちゃったせいもあって
そんなアジアナイズあるんだ!!
毎日、朝7合夜に4合炊いてるよね
朝ごはんからガッツリ食べるしお弁当作ってるしお米は一度に大3袋購入 宅配も利用して…
朝だけで7合って!!
私は以前はかなり働いていたんだけど第2子を産んだあとで仕事は辞めたの
当時働いてた香港の会社が長時間労働だったから
夫の転勤が多いことや
子どももいるのに残業多すぎ!!
実はイギリス式だと火を使った料理は一日1回が普通だしヨーロッパはそういうところが多いくらいなんだけど
一日1回（外食もカウント）
あとは
パンにチーズとか…
え
とはいえ6人をひとりで見るのは無理だから平日の午前中にお手伝いさんに来てもらってて
掃除と洗濯とアイロンがお手伝いさん担当
たまにシッターも
日本よりも安く頼める
温かい料理は一日1回ってちょっと寂しいような……
私もそうなのだから料理は日本式にしっかり作ってるしメニューも和食が多いし
和食ってすごく手がかかるけど
私は料理やそのほかもろもろを担当
育ち盛りの男4人を含む6人の子どもの料理って全然想像できないんだけど……
うちの息子5歳で少食だから
日本だと毎食しっかり火を使って作ってしかもメニューは和洋エスニックいろいろ……
でも育児もかなりやって実は日本の主婦の労働量と献身ぶりってすごいんじゃ……？
そりゃ嫁にもしたくなるわー!!

さてこの「日本の家庭料理実はすごいんじゃないか説」このあと私はいろんなところで実感することになり……
えっ!? スペインの家庭も平日の基本はシンプルなんだ!
実は日本の今の家庭料理のルーツはもてなし料理である懐石料理
一汁三菜+α
さらに女中がいるような上流家庭向けに指南されたものが広がったもの
スペインの場合も火を使う凝った料理は一日1食が多く
朝ごはん ジャムトースト&ジュースとか
夜は軽めに 火を使わない 作りおきやチーズやハムなど
てことは3食きっちり手間かけたごはんが作れたのはお手伝いさんがいたからなんだ!
そして同じく3食日本式に手間をかけているLさんちもお手伝いさんがいる……
同じようなパターンは欧米では主流
シリアルとか
子どものお弁当もシンプルサンドイッチ
キャラ弁なんてもちろんない
凝った料理は一日1食とか週末とかイベント時くらい
でも実際には日本の多くの家庭にお手伝いさんはいない
それなのに毎日3食火を使った凝った料理を作りたまの手抜きに罪悪感を持つ人も多い……
そっか実際は日本よりシンプルで楽ちんな料理が基本なんだ!
じゃあそもそもなんで日本の家庭料理は手間がかけられてるの?
勝手にヨーロッパはゴージャスだと決めつけてたよ〜
と不思議に思って調べてみると……
実は日本人は「家庭料理がんばりすぎ」だったのだ
知らなかった! そりゃつかれるわけだ〜!!

「手抜き」は「息抜き」

判明した「日本人の家庭料理がんばりすぎ」問題。とはいえ、あなたが料理好きで３食作っても苦にならないなら、今のままで何の問題もないのです。この先を読んでほしいのは、ごはん作りが苦しいのに手抜きができない人、そして、パートナーの手抜きが許せない人です。

実は私、ごはん本の著書もある食いしん坊なのですが、冷凍食品やお惣菜やレトルトも愛用しています。たとえば冷凍餃子は安いものでもおいしいし、餃子以外でも、**最近のベビーフードや惣菜やお弁当や冷凍食品はビックリするほど高品質**だからです。あと、お米は無洗米のまとめ炊き&冷凍保存するから毎日炊かないし、おかず作り置きサービスを利用したこともあります。手抜きしまくりです。ですが、余裕がある日は、いいお米を土鍋で炊いて、じっくり栄養のある料理を作ります。餃子も包むところから作ります。つまりはメリハリ。こうするとつかれを減らせるし、それぞれのおいしさがより楽しめるからです。**食においては、手作りオンリーより、手作りも調理済み食品もサービスもぜ〜んぶ楽しむほうが断然「豊か」**。プロの料理家でも、ときには手抜きしつつ暮らしているようです。

そういえば以前、タレントのくわばたりえさんが、惣菜を使うことを「**手抜き**」**じゃなくて**「**息抜き**」という言い方をされていました。罪悪感を感じがちな人には、いい表現ですよね。積極的に息抜きして、いろんな味を楽しんでいきましょう。ちなみに、「**一週間のトータルで栄養バランスが取れていればＯＫ**」という考え方も、気楽で大好きです。

毎日の料理がつかれる ← 「手抜き」に罪悪感を持つ必要なし！ 手抜きは食生活を豊かにする

『自炊力
〜料理以前の食生活改善スキル〜』
白央篤司著（光文社新書）

実は料理のつかれを減らすいちばんいい方法は「家庭に料理できる人を増やすこと」。でも初心者にとって家庭料理のハードルは高いもの。そんな人にピッタリなのが、この男性フードライターによる超初心者向き料理入門書。なんとコンビニでの買い物からスタート！

妻が専業主婦でも夫はできるかぎり家事育児をしたほうがいい
イギリス人
そう話すSさん（6人の子どものパパ）に
さらに聞いてみた
日本では夫婦どちらかが100％家計を負担するならもう片方は100％家のことをやるべきだという考え方もありますが
それについては……
ワハハ
そんな夢みたいなこと本気で⁉
それはとても非現実的な考えだね
笑うとこ⁉
外で働くのは仕事ではあるけれど息抜きになるときもある
顧客とのランチやディナー
出張
家でずっと掃除しているよりは楽しい
家で変化の少ない家事をひたすらやっている妻を僕はかわいそうだと感じてしまう
だから家に帰ったら自分もやる
そして自分が家計をすべて負担するなら家事をすべてやってもらうのが当然という考え方には僕は賛成できない
なぜなら
妻は自分のパートナーであって
家政婦ではないのだから
仕事といえば……私は働いていたときはリゾート開発の会社や新聞社や銀行に勤めてきたんだけどどれも好きなことで楽しく働けてたのね
もちろん辛いこともあったけど

でも結婚して
夫の海外転勤のために
仕事を辞めて
家にいるように
なった当初は
うつになったの
社会と
断絶されて
いる感じが
する……
だから産後、職場に
復帰したときは
仕事って
なんて
楽しいの!!
家事育児に
比べたら
娯楽みたーい!!
って思ってた
くらいで
当時は
香港の社宅に
住んでいて
周りにも
夫や妻の赴任に
ついてきたという
いろんな国の
カップルや
家族がいたけど
当時の週末は
子どもと
24時間過ごして
家事もやるのが
体力的にいちばん
つかれる
よね……
うん……
って2人で
よく話して
たっけ
みんな口をそろえて
家で家事だけ
していると
うつになるね
私だけじゃなくて
万国共通の
気持ちなんだ!!
もちろん子どもと
いるのはつかれても
それだけ楽しくて
価値もあるものだけど
毎日毎日
それだけと
いうのは
体力的にも
精神的にも
大変なこと
さらに子育てをしてみて
育児って
こんなに
重労働
なんだ!!
と実感し
えええええーん
だから
夫婦で
助け合うのは
専業主婦の
妻にとって
とても助かる
ことだと思う

あと私は何度か仕事を辞めたけど夫の仕事や家族を優先して夫婦で話し合って決めたことだし
辞めていなければ私はずっと収入を得ることができたわけだから……
だから退職するときは夫にこう伝えたの
私はこれから収入がなくなるけど、それは家族が一緒にいるために辞めることだから
これからはあなたの収入は今まで以上に「家族の収入」として考えてほしいの
そして夫婦で今後の家計についていろいろ話し合ったし
家事育児の分担についても話し合って決めてきた
料理は私のほうが早いよね
じゃあ僕は片づけを担当するよ
明日は出張で朝早いんだ
じゃあ今日は片づけも私やるね
とにかく話し合うことが大事だと思う
パートナーとして
パートナーとして……
ちなみにL家の共働き時代の家計分担は
夫
生活費
家計管理は2人で
妻
子どもの養育費として貯蓄
さらに私は貯蓄を株や不動産に投資してきたからそれは私が今も管理してるよ
そーゆー分担もあるのか!!
なんかかっこええ!!
いや――それにしても今までモヤモヤしてたことが私的にはかなりスッキリしたなあ
私は自分が共働きだから専業主婦についてよくわからない部分もあったのだけど……

しかも私の場合
自営業
だから産後も
夫の海外赴任中も
なんとか
仕事は続けて
こられたけど
多くの職業では
それは難しくて
かつてご近所だった
専業主婦のママと
こんな話をしたことがある
そろそろ
仕事に復帰
しようと
面接とかの
予定を
組んでたん
だけど……
男児2人のママ
そのタイミングで
子どもの
病気ラッシュで
3週間も
看病生活……
再就職はもう少し
先にすることに
決めたよ……
あー
心中お察しします
ひー
フッ
家族のために
家族の誰かが
専業主婦(夫)に
なったり
仕事量を
セーブしたり
それは
どこの国のどの家庭でも
よくある話で
退職願
そうなったときに
君はもう
収入ないんだから
家事育児
全部やってよね
ハイ……
収入のあるほうが
決定権を持つ主従関係に
なる家庭もあれば
今までより
うちの収入が
減るけど
どうしようか
うちの
家事育児を
どうやって
回していこうか
パートナーとして
話し合って変化に対応
していく家庭もある
その2つの
家庭で
夫婦2人
だけの
時間が
親しいものに
なるのは
どちらだろう?
さて
あなたにとって
妻(夫)は――
家政婦(夫)ですか?
それとも
パートナーですか?

「いい妻」「いい夫」って？

「いい妻」「いい夫」という言葉がありますが、その意味が「家事をよくこなす」「よく稼ぐ」だけだとしたら、それは決してほめ言葉ではないと思うことがあります。

もちろん家事育児の能力や、お金を稼ぐこと、それらは家庭においてとても大切なことですが、求め合うのがそれだけでは、ちょっとむなしい。そして、お金だけでしかつながっていない**「主人」と「使用人」のような関係だと、カップルとしての心地いい関係は持続しにくい**とも思うのです。きっとそこには我慢と違和感が存在するはず。なぜなら、**主人と使用人は本来、ベッドは共にしないものだから**です。

そう考えていくと、「子どもと夫婦の寝室を別にする」を実行したいのに夫婦のどちらかが強く反対する、というときは、対等な関係でもない、一緒にいてつかれる相手と２人で寝たりスキンシップをとったりするよりは、**多少睡眠不足になってもかわいい子どもと寝たほうがマシ！** と思われている可能性もあります。実は、わが家も、かつてはそういうところがちょっとありました……。

２人の夜の時間がギクシャクするとき。相手のことを「なんて冷たいんだ！」と責めるよりは、まずは「**家事育児分担が不平等で負担が極端に偏っていないか、実は普段の生活で自分が相手に冷たくしてないか**」を思い返してみてほしいのです。

夫婦2人だけの時間が
ギクシャクしてつかれる

←

普段から対等なパートナー関係
にあるかを見つめ直してみる

イギリス編まとめ

原因は、夫じゃなかった

私がこのL家のインタビューで驚いたのは、「**自分たちがつかれない**」**ことを当たり前に優先**していたこと。彼らも、第1子の最初からではなく、子どもが増えるたびに割り切っていったところはあるようでしたが、それでもハッとしました。

同じようなことは、海外在住の他の家族と話していてもよく感じました。それで私ははじめて「**日本のママはがんばりすぎだ！**」と客観的に見られるようになったのです。でも、そのママのがんばりの裏には長時間労働問題も深く関わってくるので、「**日本のパパもがんばりすぎだ……**」とも、あらためて考えさせられたのでした。

でも私、実は日本にいるときは「**つかれるけどしょうがない！　育児ってそういうものだし、周りもがんばっているし！**」とも思っていました。なにしろ、日本語の「**過労死**」**という言葉が**「**karoshi**」**としてそのまま外国語になってしまうほど、日本は**「我慢して当然」精神が根深い国。でも、バルセロナ在住の日本人ママ何人かに「本当に日本のママたちってがんばってるよね。私はムリかも～」と言われたときに、「えっ、同じ日本人にそんなふうに言われるって……!?　もしかして、**私はつかれの原因を家庭にばかり探っていたけど、実は社会環境も大きかったの……？**」と思うようになったのです。

それで、育児環境の問題が気になりだして、このあと「育児先進国」と言われる他国も取材するようになりました。そのすべてのきっかけが、Lさん夫婦だったのです。

LiaLico Channel（YouTube）

実はこのファミリーは大人気YouTuberとしての顔も持つ。編集は妻Mさん。家事育児テーマの動画も多く、単身赴任終了後は夫Sさんもよく登場するように。ダディ（Sさん）人気はかなり高く、自信を取り戻したSさんはうつを脱出できたのだとか。家族問題をYouTubeが解決したって興味深い！

ケーススタディ ❷

便利アイテム＆時短グッズを活用しまくる京都仲良し夫婦

IN 日本・京都
（2018年2月取材）

はー〜
今日も洗い物たっぷり
あーホントに食器洗いって面倒くさい！大嫌い〜！
こんなかんじで苦手だったり時間がかかるけど毎日やらなきゃいけない家事育児作業っていろいろありますよね
わかるわかるー
私も料理以外の家事が嫌いなのでよく同じ気持ちになります
かつていくつかの時短家電を検討したものの
ぐぬぬ〜悔しいがわが家の場合導入は難しい!!
うちがほしい大きいタイプの食洗機はキッチンせまくて置けないしー
まあしょーがないねー
引っ越したスペインの家には食洗機がついていたけど
壊れてて使えない……
がーん
でももっと大事なところが次々壊れるから修理があとまわしに…
スペインあるある
結局はあまり導入できないまま今に至っていて……
でも最近ツイッターの同業知人女性のつぶやきで
お？
夫も時短家電が大好きなので(中略)全部買おうぜー!!ってウキウキで購入したもんな〜
お！
このおうち家電などアイテムをうまく活用してそうしかも夫婦仲良し夫の育児協力態勢もバッチリ？
寝かしつけが日々うまくなってきている夫
自宅自営業だと家にいるからという理由で家事育児多めに負担しがちなのにいったい何で……
まさにそのタイプ
ボロッ
夫より稼ぎつつ夫よりガッツリ家事育児もやってる自宅自営業妻何人も知ってるよ…
第1子4ヵ月目なんてうちがまだド修羅場だった時期なのに……仕事復帰もしていて共働きなのになぜ？理由を知りたーい!!
スカイプ取材させてくださーい!!

京都　時短グッズ活用
仲良し夫婦

食器洗いなんて人間のやることじゃない!!
とまで思ってしまってついに購入しました
今は作業時間5分になったしラクになったよな――
時短家電 その③
ドライヤー
ダイソンのスーパーソニックイオニックヘアドライヤー
へ？
ドライヤーがなんで時短家電？
育児中って自分にかける時間はなるべく短く済ませたいから
乾くのがとにかく早い!!
なるほど!!
もう他のドライヤーなんて赤ちゃんみたいなもんやわ～
ブォー
時短家電の定番の洗濯乾燥機とかお掃除ロボットとかは？
その2つも持ってるんですけど
大活躍というほどまでは使ってなくて
時短家電 その④
お掃除ロボット
子どもができる前はけっこう使ってたんですが
子育てしてると床に置くものが増えて出番が減ったなぁ
時短家電 その⑤
ドラム式洗濯乾燥機
でも乾燥機能を使うのは雨の日くらいです
時間がかかるし私は干す作業が嫌いじゃないので
でも実は家電よりもっと活躍しているわが家の必需品があって
今もまさに使ってるんですけど
今も？
あ、ひょっとしてずっとダンナさんが揺れてるのは……
はっ
育児お助けグッズ その①
バランスボール
バウンサーも試したけどうちの子が泣き止む&寝るベストはこれ！
おまけに片手があくから他のこともできる!!
バイン
バイン

育児お助けグッズ その②
トッポンチーノ
バランスボール寝かしつけのときにセットで使ってるんですけど……
この下のやつ
なにそれ 初耳!!

赤ちゃんって寝てから布団に移すとまた起きちゃうことが多いんですが
温度変化が原因らしいです
また寝かしつけからやり直し!!
背中スイッチ押しちゃった!!
育児あるある

トッポンチーノに乗せたまま布団に移すと温度変化が少ないから……
すやー
今日も大成功やな〜

ちなみにうちは僕が家計管理担当なんですが家計管理アプリを使っていて
家電と道具の次はアプリ?
うち夫婦で使ってるのグーグルカレンダーと買い物チェックアプリくらい…
夫 理系で数字トクイやから〜

家計管理お助けアイテム
家計簿アプリ
マネーフォワードME
これ複数の口座を一括管理できるから便利なんです
僕投資もしてるのでそのチェックもいっしょに

そのほかにも、合理的にいろいろなものを活用中のてらいさんのうちは
2時間の取材中ずっと揺れていたダンナさん
一度も泣かなかった息子くん
今ほしいのは離乳食と晩ごはん作りが楽になりそうなヘルシオ ホットクックやな〜

あ、そーいえば出産も無痛だったんですが産んでるときも産後のカラダも楽でよかったです!
夫婦仲が良くて落ち着いた空気が漂っていて

夫婦円満に大事なのは我慢や努力することより**まず楽をすること!**をあらためて実感したのでした。
うわーうちも見直さねばー まずは食洗機導入してもらうぞ!!

今まではなんだったの!?

この夫婦のインタビューで気づいたもうひとつのこと。時短アイテムって、その購入の前に、相談したりリサーチしたり比較したりの手間や時間ってそれなりにかかるんですよね。うちがそれまで時短アイテムをあまり活用できなかったのは、夫婦でじっくり相談する時間が少ないことも大きかった気がしたのです。その点、この京都の夫婦は、話し合いの時間もかなりとっている印象。そして夫婦でガッチリ協力して育児をしているようでした。

ちなみにわが家、この取材のすぐあとに食洗機を修理して使うようになったのです。その結果、**その洗浄力と楽さにビックリ**。今まではなんだったの!?と呆然。その後、時短アイテムを積極的に増やすようになりました。今では、食洗機、お掃除ロボット、時短調理器などを愛用中。かつて冷蔵庫や洗濯機が必須家電となったように、**今や食洗機やお掃除ロボットは必須アイテム**、とまで思っています。ちなみに食洗機は哺乳瓶の熱湯消毒にも便利です。

ただ、時短アイテムは家庭との相性も大事になるし、家庭内で導入に対して意見が分かれることもあります。購入費用に二の足を踏むこともあるでしょう。なので、本書の富山編では、時短アイテムについてさらに違う角度からも紹介します(p143〜)。

とにかく、時短アイテム導入を迷う必要はありません。迷うのは、どの会社のものを、どのランクのものを選ぶか、それのみです。

京都　時短グッズ活用
仲良し夫婦

「つかれない家族」のヒント　4

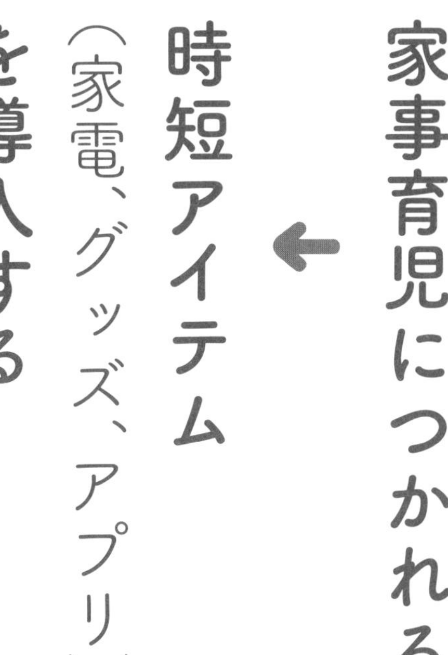

面倒または苦手な家事育児につかれる←時短アイテム（家電、グッズ、アプリ）を導入する

オススメ！

「Rentio（レンティオ）」

時短アイテムがいくら便利でも、家電は高価で即決が難しい。そんなときにオススメなのが、このレンタルサービス。購入前のお試しに便利。餅つき器などの季節限定商品を毎年レンタルするという使い方をする人もいるそうです。賢い！

てらい家は夫婦共働きで息子さんが生後4ヵ月
てらいまきさん 自宅自営業のイラストレーター＆漫画家
夫のYさん 会社勤めのシステムエンジニア
早くも育児協力態勢バッチリ
京都の本も出してます！
時短家電などもうまく利用しつつ夫婦円満
詳しくは前回記事を読んでね
さてその具体的な分担はというと……
産後1ヵ月はホントは仕事休みたかったんですが 出産が予定よりかなり遅れたこともあって結局1ヵ月以内に仕事復帰して
仕事量は前よりセーブしてますが
この仕事って代役きかないし みんな復帰早いよね！
私は1ヵ月半だったなあ…
ちなみに自宅自営業は育休制度がなかったり保育園に入りにくかったりする自治体が多いです
制度としておかしいよ!!
私、息子が保育園に入るまでの1年ちょい死にかけたな〜
ハッ
まあでも、うちは実家も同じ京都なので
出産後最初の1ヵ月 妻の里帰り中は
いただきまーす
僕、毎日ごはん食べに行って週末は泊まらせてもらってました
だからうちの夫婦は育児のスタート時期がほぼ同じ
いいあやし方発見したわ ゴリラのマネ!!
ウホウホ
もともと子ども好き
うわーホンマや喜んでる!!
さらに次の2ヵ月は夫が育休を取得
赤ちゃん育児は3ヵ月過ぎると少し落ち着くって聞いてたから生後1ヵ月から2ヵ月間休んだんです
助かったわー
日本ではまだ珍しい男性の育休を2ヵ月も!?
てことは福利厚生の手厚い大企業にお勤めで？
いえ 社員120人の中小企業なんですが柔軟な働き方を認めてくれる会社で
最長で8ヵ月育休取った男性もいますよ
育休中の給料(通常の2/3)は雇用保険から出る仕組みだし

京都　時短グッズ活用
仲良し夫婦

すばらしー!!
それにしても態勢がバッチリで私が赤ちゃん育児してたときと違いすぎて……
あれ?目から水が…
実家遠い夫家にほぼいない仕事しつつ育児家事ぜーんぶやってた人
確かに僕は育休も取れたし労働時間も長くないし恵まれてますよね
私も夫も親もいて恵まれていると思います
ホント他の人の話を聞くと大変そうで
ただ自分がやってみて実感したんですが
男性も育休は取ったほうがいいと思うんです
まず育休は会社にとってもメリットがあると思います
僕は育休を取らせてくれた会社にとても感謝したし前よりも会社のためにがんばろうという気持ちになった
あと夫婦一緒に育児をスタートできたことが本当によかったです
たとえばかなり経って妻が育児に慣れた後で夫が育児デビューしようとしても
ホーラたまにはパパのとこおいでー
あーもーそんなだっこの仕方じゃダメ!!
ガミガミガミ
カチッ
新人
先輩
なにそれそんな言い方しなくても!!
そのときにはスキルの差が開きすぎていて立場が対等じゃないし
「夫がまったく育児をやらない」
フンそんなに文句言うなら一人でやれば!
カチカチ
SNS
パートナーとして一緒に育児するには難しい状況になってしまうこともある
でも2ヵ月はムリにしてもせめて2週間育休を取れば知識とスキルは身につく
そうすれば仕事復帰後も対等な関係で育児ができる
同期
同期
いっしょに
がんばっていこーな!!

うちは最初から2人で育児をしてるから2人で考えて自分も納得したやり方で育児ができています
オムツをどこのメーカーにするかとかまで相談してきたもんな
あと育休を取ってガッツリ育児をやってみると育児をする人の気持ちがわかるようになる
育児の孤独やつらさは一日数時間やっただけではわかりにくいものだと思うんです
たとえば「お腹が痛い」ならみんながなんとなく想像できるけど
イテテテ
あーー胃がキリキリしてるのかーそれつらいよねー帰って休んだら?
たとえば「うつ病」や「育児のつらさ」は経験がない人には本当に想像しにくいジャンルだと思う
育休を取ったことのない人が理解できなくて当然だ
ハアー
?
子どもと遊んでただけでしょ?
…………
そうか………
うちが産後の数年間夫の育児に対する理解のなさでずっともめていたのは
お互いの努力や理解が足りなかったんじゃなくて当然の流れだったわけで
同じように産後にもめて中には離婚にまで至る夫婦もいる
この時代そんな夫婦は増えている
もしこのまま日本で男性の育休が一般的にならなかったら
離婚届
子育て中の夫婦はきっとずっと争い続ける

実はすごい！　日本の育休制度

育休（育児休業制度）を利用した男性、みなさんの身近にはいますか？　私が出産したとき、男性の育休はあまりに縁遠い話だったので、夫に交渉すらしませんでした。交渉を考えなかったもうひとつの理由は、男性の育休の意義を「その期間だけ育児が楽になる」としか認識していなかったからです。でも、Yさんに詳しく話を聞いたことで、それが全くの勘違いだったことに気づきました。**育休は「その後の育児生活を決める」**ものだったのです。

さらに海外に住んでからは、身近な人から男性の育休を「当たり前のこと」として聞くことも増えてきて、そうなると**「なんで日本は、男性の育休が一般的じゃないんだろう？」**という疑問をだんだん持つようになりました。そこであらためて調べて驚いたのは、実は、**日本の育休制度の内容は男女共に世界トップレベル**だということ。しかも、育休制度は**会社員や職員なら誰でも使える国の制度で、当然の権利**だったのです（会社によっては、さらに内容が充実した独自の育休制度を設けている場合もあります）。

でも日本の**男性取得率は2019年度で約7.5%**。年々伸びているとはいえ、まだまだ少数派です。さらに意見を集めると、この原因はいろいろあり、前述した「国の制度」という認知が足りないことや、会社によっては「取りづらい」「取得で社内での立場が悪くなる」という状況があることも関係しているようです。国の制度なのに、なんてもったいない……！

ちなみに、日本の育休制度の具体的内容（2020年現在）はこんなかんじです。

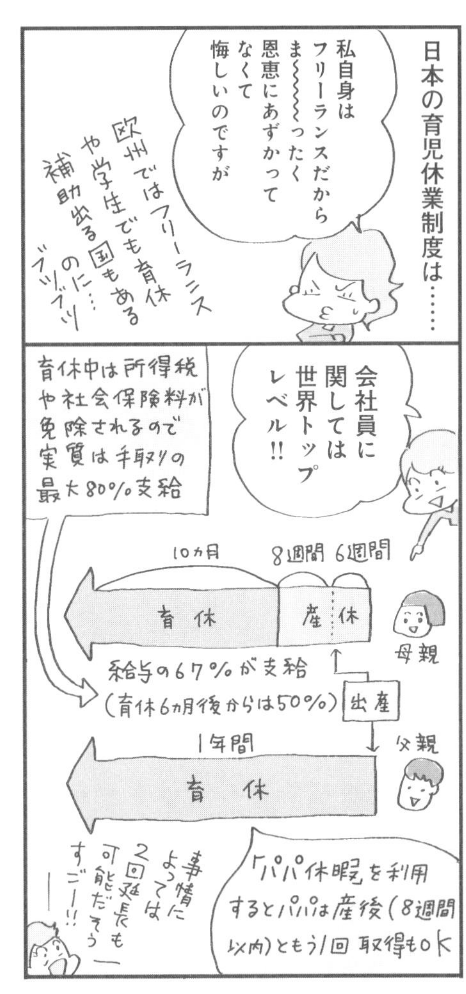

さて、Yさんの言うとおり、育休を取っていないパートナーと育児を一緒にする場合、そのパートナーが育児について理解しスキルアップするのには時間がかかるというのは本当です（なにしろそれで苦労した歴史をまとめたのがこの本なので笑）。だからそこはお互いにコツコツ地道にやるしかないのですが、わが家の場合、夫はちゃんとグングンと育児スキルを上げていきましたし、今や息子はかなりのパパっ子です。なので、**「パパ育休なしのハンデ」は時間はかかるし苦労もするけど、リカバリーは可能**、ということはいちおう補足しておきます。

パートナーの育児レベルの低さにつかれる

←

育児スタートがずれるとそうなるのが当たり前「ハンデ」があるとお互いに自覚してみる

「YASUMO」

新しい「休み方」を考えるwebメディア。育休制度のわかりやすい説明のほか「育児休業給付金シミュレーター」では、育休手当や期間の自動計算をしてくれます。育休に金銭的な不安を感じるなら、まずはここで計算してみるのがオススメ。

残業ばっかりしてないで早く帰って来てよ
こっちは一人で2人みるの大変で
そんなこと言っても仕事なんだから仕方ないだろ
オレだって残業したくてしてるわけじゃねーよ
だいたいオレのほうが家計負担も多いのに感謝の言葉のひとつもないし……
あーもーつかれたねよねよー
ねえ、うちの子好き嫌い多すぎじゃない？ちゃんと食育してる？
そんなこと言うのなら自分がやってよ父親なんだから
だいたいいつも私ひとりでごはん食べさせて食育なんてそんな余裕ないわよ
私のほうが家事育児分担多いのに感謝の言葉のひとつもないし……
フニビールのもっと
あ〜〜あ…
こんな感じで感謝されないことでさらにつかれている夫婦って多い気がするんです
うちの場合も結婚後はお互い感謝が減っていたのだけど……
息子が1歳くらいのとき
ごちそうさまありがとね
たまたま珍しくこの言葉が出た瞬間に
今のすごくいいい!!
へ？
何が？
今の「ありがとう」って言葉!!
作ってる側としては「ありがとう」とか「おいしい」とか言われるとすごくうれしいもんなの
うれしー!!
もっといつも普段から言って！やる気が出るよ!!
とストレートにリクエストしたところ
ありがとう
おいしいね
おつかれさま
仕事おつかれさま
ありがとう
という言葉が増えたのでした
私もなるべく言おう…とはしてるよ

さて夫婦協力態勢バッチリなてらい家
妻は自宅自営業イラストレーター＆漫画家
夫は会社員SE育休を2カ月取得
痔の本も出してまーす☆
その感謝事情はというと……
そうですね毎日お互いほめ合ってますね〜
やっぱり!!
おいしかった
ありがとう
寝かしつけほんまにうまいなー
ありがとう
やっぱり！仲良し夫婦ってそういううち多いよね〜
あと夫のほうが私より収入が多いんですが……
今私仕事もセーブしてるし……
給料むっちゃもらっててすごいなー!!
いやいや絵でお金もらってるのもすごいよ――!!
お互いほめ合ってモチベーション上げるほうが幸せかなって
あと帰宅後の夫に息子を見てもらいつつ私はゴロゴロしてるなんてときは
ボインボイン
つい思わず
あ――――!! 幸せ――――!!
よかったよかった
って叫んじゃうときもあります
あれどうしました？
スカイプ取材でした→
いやちょっとうらやましくて
あれ？また目から水が……
じゃあケンカすることもないってことカナ？
いえ私がイライラして爆発しちゃうことはありますが
あー産後はホルモンの関係でイライラしがちよね
なんで洗たく物取りこんでへんの!?
そっちの係やん!?
あ、ごめんごめん

でも夫は
そういうときも
逆ギレしたりは
しないタイプなので
取りこんだよー
仲直りしよー
結局
仲良しかい!!
いや
すばらしーよ
いーよ
いーよ!!
僕の給料は
夫婦2人で
稼いだお金だと
思ってるから
あともうひとつ
うちは夫が
家計管理を
担当していて
夫婦同額の
おこづかい制
にしてるん
ですが
2人の収入
¥
¥
同額
そのほか
共有の
自由なお金
も設定
そう言われた
ときむっちゃ
感動したん
ですよ――
それは確かに
ものすごい
感謝の言葉……
しかし20代で
そんなセリフ
言えるもん
なのかー
あのさ……私のほうが
収入少ないのに
おこづかいは同額って
イライラしたり
せーへんの？
って一度
聞いたことが
あったんですが
そうしたら夫が
こんなふうに
夫婦で
感謝し合って
ほめ合って
お互いの気持ちを
高めている
ありがとー
すごいねー
それはきっと
てらい家の夫婦円満の
大事な秘訣
僕は家事が
苦手だから
その大部分を
担当してくれて
すごく助かってる
おかげで
昼間は仕事に
集中できてる
だから
もちろん
てらい家の
夫婦仲を
支えているのは
労働条件など
恵まれた環境が
かなり大きいとはいえ

でも、環境は違っても
ありがとう
すごいね
この言葉を
言うだけならどんな
家庭でもできるはず
でももし
小さいことでも
何かあるなら
それはちゃんと
言葉にして
相手に
伝えたほうがいい
んなこと言ったって
わがまま放題の
妻にお礼言う
ことなんてないよ！
けっ
ふん
イライラさせる
ことしかない夫の
どこを
ほめればいいの!?
こんな人もいるかもですが
だって
育児や仕事は
がんばっても
報われない
ことがあるし
誰にも
認めてもらえない
こともある
えーとでは質問……
家計を
支えている
のは誰？
子どもの
お弁当を
作っているのは
誰？
休日の計画を
立てたり
調べてるのは
誰？
いつも車を
運転してる
のは誰？
子どもの病院に
付き添っている
のは誰？
そのほかの
家事は誰が？
そんなとき
せめて夫婦間では
お互いの努力を
たたえ合えれば
元気や自信を取り戻して
それぞれの場所で
がんばることができる
細か――い
ことも思い出してみて
本っっっ当に
感謝すること
すごいと思うことが
ひとっっつも
ないというなら
それは正直
夫婦としてやって
いくことも難しいと
思うのだけど
夫婦は敵じゃない
本当は――
最強の
チームの
はずだから

日常は愛を殺す

家庭の言葉といえば、子どもって、親がよく言うセリフをそのままマネすることがありますよね。**親は、子どもの言葉の第1製造工場。**だからこそ、育児中の家庭では、相手をけなす言葉よりも、お互いをほめ合う言葉がいっぱいあったほうがいいのです。とはいえ、私もときにはキツい言葉を発してしまうこともあるので、このマンガは自戒を込めて描いてみました。

ちなみに、フランスには「**日常は愛を殺す**」という言葉があるそうです。確かに、出会った当初は「いいな、素敵だな」と思った部分も、長いこと一緒に暮らすと慣れて当たり前になってしまい、さらに育児などでつかれると悪い部分ばかりが目につくようになり、感謝の言葉も減っていく、それがさらにパートナーとの関係を悪化させる……。そんな悪循環はよくある話です。ていうか、うちもそうでしたとも(涙)!

そんな状態から脱するために大事なのは、たまに初心を思い出すこと。そのためには、**(1)紙に「パートナーのいいところ」を書き出してみる。(2)ママ友やパパ友とお互いに「パートナーのいいところ」についてあえて話してみる。**という方法がオススメです(2)はこの連載の担当編集さんがやっていることだそう)。ちなみにわが家の場合、保育園の「パパ会」に出席した夫が、「他の家庭もいろいろあるってわかったよ。ユキちゃんは実は優しいほうだったんだね!」と感想を言ったことがあります。**よその家庭の話を聞くことで、自分のパートナーのよさにあらためて気づく、**ということもあるようです。

「ありがとう」がないことにつかれる

←

・自分からも積極的に感謝の言葉を言ってみる
・ストレートに感謝の言葉がほしいとリクエストしてみる

京都編まとめ

日本も、進化している！

日本は**世界の男女格差を測る「ジェンダー・ギャップ指数2020」で、153ヵ国中121位**という、先進国の中ではダントツに男女不平等な国。ただ、この夫Yさんのように、**若い世代では男女平等意識が高い男性が増えつつあります。**そして、そういうカップルはかなりの確率で**仲良し**なのです。羨ましいとも思いつつ、これはすばらしい変化で、それを実感することができたのは、このインタビューの収穫でした。

もうひとつの収穫は、時短アイテムへの興味が増したこと。実は、私自身は効率化や合理化がかなりヘタなタイプ。家電にも興味がありません。なので、つかれていると余計にそういうことを考えたくなくて、その導入を進めてこなかったところもあるのです。導入の先に楽があることがわかっていても、その導入自体が面倒くさくて……。それでも、直にそのよさを聞くとさすがに興味が湧いて、前向きに考えられるようになったのです。

さらにもうひとつの収穫は、男性の育休の意義をちゃんと知ることができたこと。ちなみに、日本の男性の育休は少しずつとはいえ普及はさらに広がってきていて、私はこの後、**「夫婦共に1年の育休」「妻が2年&夫が1年の育休」**というカップルにも出会うことになります。

日本の育児環境には問題もある。でも、**いい部分もどんどん増えている、進化もしている、**そんなふうに明るい気持ちになれたインタビューでした。

「親ふたり子ふたり生活」
てらいまき著（cakes連載）

この夫婦の育児生活がさらによくわかるのがてらいさんのこのweb連載。妊娠糖尿病疑惑、母乳や離乳食問題などをどうやって乗り越えてきたのかが描かれています。夫Yさんの合理的かつ愛のある発言にはハッとする読者も多いはず。この連載の書籍化も期待しつつ、てらいさんには、ぜひいつか家事育児便利グッズマンガも出してほしい〜！

ケーススタディ❸

パパ2人のスウェーデン国際結婚ファミリー

—IN スウェーデン・ルーレオ（2018年6月取材）

赤ちゃんは
パパよりママのほうが
好きに決まってる
「男も育児」だとか言っても
子どもにとっては迷惑な
話かもしれない
自民党H氏
ホントホント
ママが一番だよ
だからママに
任せるべき！
おっぱいが出ない
男には何も
できないしね
男は仕事！
家事育児は
女の仕事だろ
しょせん男に
家事育児は
ムリなんだって
男の人に
家のことを期待
するだけムダ！
やっぱり
女の幸せは家庭を
守ることよね
こういういろいろを
聞くと私は
もやっ
……
としてしまう
いやだってさ！
男も女も
パパもママも
いろんな人が
いるのに
性別だけで
ひとくくりって
乱暴すぎるし
個人の考えを
一般論に
置き換えているの
も変だし
確かに母乳は
女性だけが
出るものだけど
母乳育児だって
夫婦でシェア
できるし
前に
紹介したけど
英国では
搾乳した母乳を
夫が授乳する
ことも多いそう
赤ちゃんは
「ママが好き」
じゃなくて
一緒にいて
世話してくれる人が
好きなだけだし
知人の
専業主夫宅では
赤ちゃんはパパの
後追いしてた
そうよ
パパ
ママ
ん？
……それに
世の中には
同性同士で
結婚して
子どもがいる
家族も
いるよね？
そういう
「性差のない」
うちなら
どうなの？
というのがず——っと
気になっていたので

今回はLGBTの先進国スウェーデンまで飛びまして

Luleå

stock holm

男性パパ2人の家庭に話を聞いてきました

みっつんさん 30代後半 日本人

ようこそスウェーデンへ!!

リカルドさん 40代前半 スウェーデン人

息子くん 2歳

10年前に日本で知り合って一緒に住むようになった2人

バイトしつつ役者活動

演劇がんばれ!

金融IT系会社員

もともとオレは料理が好きだしその頃は家事はほぼオレがやってましたね

みっつんさんブログより

おいしそー

ケーキまで作れちゃう料理上手

その3年後リカさんの転勤で英国ロンドンへ同時に入籍

結婚してないとビザとかいろいろ大変……じゃあ結婚しようか!!

一生のパートナーとして生きていこう!!

ロンドンでみっつんさんは仕事の幅を広げる

プロとしてギャラをもらって舞台に出たり

演劇やヨガの指導者の資格を取得

そんな生活のなかで

ねみっつんは**子どもほしい?**

えっ

こんなやりとりからさらに数年後……

そろそろできるかもねー!　なんつって!

なんだろ冗談?

2016年
米国での代理母出産を経て息子を授かる
出産までの経緯はみっつんさんのブログを読んでね
子どもの親権や養育権取得には英国在住のままでは不都合だったという事情もありスウェーデンに移住
最初はリカさんの両親と同居
2人とも1年の育休を取得し今は共働きで子育て中
リカさんは会社員
みっつんさんは半公立の学校で演劇とヨガのインストラクター
スウェーデン語の学校でも勉強中
子どもができた今は2人で協力して家事育児してるけど正直、以前はいろいろ思うところはありましたね
……というと？
夫（リカ）とは今よりさらに収入格差が大きかったから
会社員のリカさんが生活費の大半を負担
リカに申しわけない！せめて家事は全部オレが!!
リカもひととおりは家事できるからたまに手伝ってくれたけど……
でもオレの立場でそれ言えない…
ありがたい……でも正直たたみ方が気になる……
うーーん
まるで日本の専業主婦の話を聞いているみたいですよ？
ここはスウェーデンであなたはゲイよね？
一緒ですよーー立場は似たようなもんだったし
アハハ
でもオレがそうやって肩身の狭さを感じてたら
ねえみっつん
ん？

さらっ

できるほうがやればいい

お金は払えるほうが払えばいい

家事はできるほうがやればいいただそれだけ

——それはそういう意味だったらしく

だってそうでしょ？

その一言で気持ち的にすごく楽になりましたね

つまりどちらが上でも下でもないと

さらに子どもができて育児を始めて

フリーランスのみっつんさんのほうが家事育児の時間は多少多め

今日は仕事休みで家にいたけど遊んでたわけじゃないぞ!!

スウェーデン語の勉強も育児もがんばってるから前よりもさらに自分の立場がしっかりした気がしますね

本当に生活的には男女の夫婦の話を聞いてるのと変わらないなー

そして「男だからやらない、できない、やるべきじゃない」なんてこともこの2人にはない……

——とにかく北欧のパパ2人は

毎日当たり前に家事育児する「男」たちなのです

あーーん

お互いに、縛らない

ゲイカップルでなくても、専業主夫など、家事育児をメインで担当する男性はどんどん増えています。大黒柱として働く女性も増えています。そういう人たちと話すたびに、「**男女のどちらが家事育児に向いているかなんて決まってないし、性差よりもただの個人差**なんじゃ？」と思っていたのですが、2人の話を聞いて、私はそれを確信しました。

実際に、私はこの取材のあとで、父親と息子、2代にわたって家庭の料理メイン担当というイタリア人男性に会います。わが家の場合も、以前こそ私がほとんどの家事育児を担当していましたが、今や夫はかなりの家事育児上手です。夫は私よりも計画的な食材の買い出しや美しい料理の盛り付けが得意だし、お香を焚いたりと細やかな部分にも気を遣えます。そもそも、母乳を使って家事をするわけじゃないんだから、性別が関係するはずがないのです。家事育児は、語学学習と同じように、勉強や練習をすれば、誰でもある程度までは上達するものです。

家事育児に必要なのは、女子力や母性ではなく、生活力。それでもまだ、「性別で家庭内での役割を決めるべきだ！」という人には「それこそが**偏見と差別**ですよ」と伝えたいです。

だからもう、**お互いに「男なんだから」「女なんだから」で縛るのはやめませんか？** 女性だって「男なんだから一家を経済的に支えるべきだ」と男性を縛る権利はないのです。家庭内で、それぞれの資質にあった形で役割分担するのがいちばん合理的な方法です。

「つかれない家族」のヒント 7

「男だから」「女だから」
という押しつけにつかれる

その決めつけに
根拠は全くないので、
性別にとらわれずお互いの
「資質」を見直してみる

代理母出産で子を授かった国際結婚でゲイカップルの2人
みっつんさん 日本人 演劇・ヨガインストラクター
リカルドさん スウェーデン人 IT系会社員
息子くん 2歳
現在はスウェーデン在住
リカさんのご両親との同居は育児を手伝ってもらうためだったんですか？
ご両親は理解があるみたいだし
というよりもスウェーデンですぐに家を借りるのが難しかったのが大きくて……
もちろん義父母にはいつもお世話になってるし息子もとてもかわいがってもらってますが……
ちなみに息子の祖父にあたるリカさんの父は
おだおだ
あれ？
男性の育児参加が進んだスウェーデン人男性にしては子どもの扱いに慣れてないな？
育児は全部お母さんがやってたからどうしていいかわからないいんだよ
スウェーデン人なのに!?
そっか北欧だってここ数十年で変わったってことか！
さらにリカさんの母は
赤ちゃん寝たからこのまましばらく外に置いておくわね
えええー 外は**マイナス15度!!**
でもスウェーデンでは一般的だそう
えええええ!!
文化の違いや世代の違いとか育児への考え方が違うときにやっぱり同居ってストレス大きくて
うーん
仲いいしいい人たちなんだけど…
ゲイフウフでもそーゆーストレスはいっしょなのだねぇ…
オレの父が家事育児上手だったから余計そう思うのかも
寝かしつけはほぼ父が担当
作ったよ！
料理も裁縫も得意
へー 昭和の日本人男性で珍しい!!

そのほかの育児は
幼稚園送り迎えは2人いっしょ
絵本&寝かしつけはみっつんさん
ごはんを食べさせるのはリカさん
担当は息子くんリクエストで分けている

家事はリカさんの両親と
別だったり一緒だったり
洗たくは完全に別
掃除は家のエリアで分ける
料理はそのときにより
今日オレ作りまーす
今日はそれぞれにしましょ

2人の中での家事分担?
ハッキリ決めずに
空いているほうがやる
感じかなあ……
以前はオレが
ほぼやってましたが
2人とも1年の育休を
とってからは
リカもかなり家事をやる
ようになったし……

ハッキリ決めず
なんとなくで
うまくいくってのは
2人の気が合ってる
からなんじゃ?
どうですかね?
あ、でも
育児をめぐって
モメたときは
ありますよ
たとえば……

授乳をめぐって……
ミルク用にお湯沸かさなきゃ!
待って!
今の粉ミルクはよく溶けるようにできてるから常温の水で作っていいんだって
ほら、ミルクのパッケージにもロンドンで売れてる育児書にも常温でOKって
でも日本の育児書では!それに母乳と同じ温度のほうが
必要ないことはしなくていいよ面倒くさくない?
ほら、冷たいミルクでも飲むじゃん
温かいのがいいなんて**もう古いよ**おばあちゃん世代の話
カチン
ばばあだとう!?
子どものことで面倒くさがるな!!頭でっかち!!それに東洋医学では冷たい飲み物は体を冷やすしましてや北欧寒いし
キー
ってしばらくオレは怒ってたんですが
とはいえ一日8~10回のミルクタイムで毎回キッチリやるのも大変だな……
ってかんじでオレもだんだん水で溶かして温めるくらいになりました
そんなときもたまにありますが解決しちゃえば2人ともわりと根に持たないタチなんで
ちゃんとそれぞれの意見を言い合うのも大事ですしね
ですねー義父母だとそういうとき意見を伝えるのも多少気を遣うし……
いやくりかえしますがいい人たちなんです!!
まあいろいろあるよね同居……
両親との同居はリカさん側にもストレスはあるらしく
なにしろ海外暮らし長くて実家を離れて長いし同居当初はスウェーデン語の通訳係もしてたから

つい最近同居を解消して近所に引っ越し

やっと物件見つかったー!!

わーい!!

ちなみに2ヵ月に一度デートするのだけど

2人でダンスや演劇を観てゆっくりディナー

息子くんはリカさんの両親といっしょ

今後もそういうときは両親にお世話になるし別居したほうが親にとっても負担が減っていい関係になる気がして……

それは同感!

そんな試行錯誤をしつつ――

この夏2人パパは息子くんとの3人暮らしをスタートしたのでした

マンガに出てきた「粉ミルクは常温で作って飲ませて問題なし」についてですが、実はスペインでも同じ話をよく聞いたのです。「ええっ!? その方法、楽で最高!」と気になっていろいろ調べたのですが、どうも日本の場合は粉ミルクが常温では溶けにくいタイプだったりして、同じようにはいかないようです。

そもそも熱湯で溶かす理由は「サカザキ菌」の殺菌のため。サカザキ菌は、過去にフランスやアメリカなどで死者を出している菌です。とはいえ、リスク頻度はかなり低いので、日本より殺菌意識が大雑把な欧州では、常温OK説も出回っているのではないかな、と私は推測しています。ちなみに、**ミルク授乳でいちばんつかれない方法は、ついに日本でも解禁された液体ミルク**です。もともと欧米では普通に使われているものです。その他にも、授乳を楽にする方法はいろいろあるので、つかれないリスト（p190～）を参照してください。

理解はあっても、同居は大変

それにしても、ゲイカップルに取材して「両親との同居ストレス」について話すことになるなんて予想外でした。でも生活のうえではゲイとか関係ないんだから、そりゃそういう問題も起きますよね。とはいえ、このご両親は同性婚や代理母出産まで理解がある人。そんなレベルのご両親でもストレスがあるというなら、**理解がなくて気が合わない両親と同居するストレスたるや相当なもの**なのでは……と、あらためて同居の難しさを実感したのでした。

両親、義父母との同居がつかれる

←

どんないい親でも、同居にストレスがたまることはある

同居しなければいけない理由がないなら、

少し距離をおいてみる

代理母出産で子を授かった
国際結婚で
ゲイカップルの2人
みっつんさん
日本人
演劇・ヨガ
インストラクター
リカルドさん
スウェーデン人
IT系
会社員
息子くん
2歳
「男同士で子どもを持つ」
という決断に至るまでには
時間をかけて
慎重に検討を重ね
徹底的に
リサーチ
経験者に
会って
話を聞く
その結果
さまざまな選択肢の中から
代理母出産(サロガシー)
という方法を選んだ
卵子ドナー
代理母
息子くん
リカ&みっつん
さらに代理母出産を
進めるにあたり……
妊娠出産は
本当に大変!
代理母の権利や
意志をしっかり
守れる形がいいね
そのためにも
きちっとした
エージェントを
選んで進めよう
たとえ
お金が
かなり
かかっても
アメリカの
専門エージェントと契約
代理母
直での連絡も
ゲイカップル
直での
連絡も
弁護士
社会
福祉士
代理人
セラ
ピスト
など
エージェント
卵子ドナー
男女の夫婦が
子どもを持つより
かかわる人や会社が
かなり多いですね
そうです
審査もあるから
最初から最後まで
あらゆる書類を
作り続けました
ゲイカップルが
子どもを持つこと
そして代理母という
手段を取ること
それにはいろんな
意見はあるだろうけど……
とにかく彼らは
「親としてふさわしいか」を
いろんな人に確認された
たとえば……
学歴
職業
精神疾患
の有無
出会いと
生活
感染症
やドラッグ
の経験
健康状態
財産
など
など
確かに健康状態
は大事だ!
お互いの長所や
相手のどこに
惹かれたのかまで
書くんだ!
そんな
ことも!?

妊娠出産についても……
出産時に代理母に危険が生じたら
生まれてきた子に障害があったら
出生前検査で障害が見つかったら
そうだ、妊娠出産ではそういうことも起こりうる……
うん…
子育てについても……
どんな家庭を築きたいか
なぜ親になりたいのか
どんな子育てをしたいか
そうだなぁ パパになったら……
しっかり子どものこと考えなきゃね
共働きの場合どのように子育てするのか
周りからサポートを受けられるか
それくらい子育ては大変ってことだよね
確かに共働きになるし大事なことだね
さらに……
子どもが大きくなったときにどう伝えるか
親のことで子どもがいじめられたら
ここはいちばんしっかり考えていかないとね……
そうだね 周りとは違う家庭環境だから
そうそう 必要書類の中には遺言書もありました
えええ!
遺言書? なんで!?
代理母妊娠中に2人とも同時に死んだらどうするか?
!
そっか、子どもの保護者が誰になるのか決めなきゃ
財産とかはわかるけど葬儀の方法まで書くんだ!
今から子どもを持つというのにまず死ぬことを考えるって……
へんな気分
ねー
とは思ったんですが、でも同時に思ったのは……
でもそれが親の責任……
それが親になるってことなんだ……

大変でしたけど妊娠出産できない代わりにせめてそのプロセスくらいはしっかりやろうと思ったし
2人の間で子育てについてあらゆることを話し合えたのはよかったです
ホントはできちゃった婚とかしたかったけどーー!!
アハハー
そんな話を聞きつつ思ったことがある
養子を迎えたり不妊治療をしたりすることなく親になった男女で
ここまでしっかり妊娠前に妊娠出産子育てについて話し合った夫婦がどれだけいるだろう……?
私もそうだ……高齢出産だったけど自然妊娠だったし……
夫が超多忙だけど体力あるし1人でもなんとかなるかなー?
私は子育てについて楽観視しすぎてた……
妊娠前も妊娠中も
子育てのサポートについて具体的には夫と相談しないままで
いよいよ親かー
ねービックリー
のんき→
案の定
産んでから子育ての現実を知って
夫婦仲にヒビが入った
ワンオペ育児ムリー!!
「共働き」「長時間労働」「核家族」「実家遠い」「保育園激戦地区」
対策をたてるべき条件はそろっていたのに……
結局、うちはそこから試行錯誤したり歩み寄ったりがすごく大変だった
なんとか今は家族仲良くやってるけど一歩間違ったらどうなってたかわからないし……
きっと世の中には十分な話し合いがないまま子育てをスタートした結果……

家族不和や
離婚や
育児ノイローゼや
子どもの虐待に
つながった家庭
もあるだろう

同性婚で他人の力を借りて
子どもを持つ
ということ……
それに関してはきっと
賛否は分かれるの
だろうけど……

でも
男女の親だからって
みんながみんな
「親としてふさわしい」
わけじゃないし……

一方で彼らは
「いい親になりたい」
と心から願って
計画して熟考して
ずっと努力
し続けてきた……

そして何より――
目の前にいる息子くんは

２人パパに
大切に大切に
育てられて
幸せそうに
笑ってる

産後クライシスをなくすには

この取材は、半日一緒に過ごし、お互いの息子を公園で遊ばせたりしながら、時間をかけて行いました。間近で見ていて思ったのは、「子育てが丁寧。とても愛情をかけて育てている。そして片方に負担が偏らないようにうまく家事育児をシェアしている」ということでした。それは、育児を始める前に熟考を重ねた、ということとも無縁ではないと思うのです。

一方、わが家は妊娠中に大事な話し合いをしませんでした。妊婦健診や両親学級も私ひとりで行き、そこにあまり疑問も感じていませんでした。でも結果的に、**産む前の意識の低さと話し合いの足りなさは、産後クライシスの原因のひとつとなった**気がしています。

なので、これから出産という家庭は、できるかぎり**健診に2人で行き**（スペインではこれは一般的なことです）、**両親学級にも出て、話し合いやリサーチを行う**ことをオススメします。調べたほうがいいのは、**自治体の子育て支援**、住んでいる地域で使える**一時保育やシッターサービス、保育園を利用する場合はその激戦具合、働き方と家事分担をどう変化させていくか、どんなふうに育児を分担するか、どんなふうに子育てしたいか**、などです。

実際には、子育ては未知の世界の連続で、いくら準備しても予想外なことは起きます。でも、話し合うことで、子育てという大きな大きなミッションに対する心構えができたり、不安が減ったり、協力態勢ができたり、夫婦の結束を強めることにつながっていくと思うのです。

スウェーデン　パパ2人
国際結婚ファミリー

「つかれない家族」のヒント 9

育児が不安でつかれる

↓

不安を解消するためにも、パートナーと2人で、できるかぎりのリサーチや話し合いをしてみる

代理母出産で子を授かった国際結婚でゲイカップルの2人
みっつんさん 日本人 演劇・ヨガインストラクター
リカルドさん スウェーデン人 IT系会社員
息子くん 2歳
今回の取材では途中から
義弟の家ですせっかくなのでリカの家族と一緒にバーベキューしましょう！
サウナ小屋も
わーい
という状況だったのでご家族に2人について聞いてみると
2人に子どもができたって聞いたときはうれしくて泣きそうだったわ!!
リカさんの妹さん 2児の母
僕たち夫婦はすでに2人子どもがいる
ついにこっちの世界に来るか大変な仕事が待ってるぞ！と思ったよね
その妹さんの夫
……
すごいな～代理母出産ってことを忘れるくらいのごくフツーの感想……
妹さんは仕事でジェンダーとかの研究をしてるそうだから進歩的なのかな？
じゃあリカさんのお父さんお母さんは
あっさり
孫が増えてかわいいし幸せですよ
お父さん
お母さん
といってもお父さんは昔かたぎだから周りのリアクションを多少は気にしてたよ
想像以上に自然に受け入れられてるんですねー
これってやっぱりスウェーデンがLGBTについて先進的だから？
さすが!!
そうですねー息子の幼稚園でも特に何も言われないし……
首都でもない人口7万5000人のこの地方都市ルーレオでも
LGBTのパレードは5000人以上が参加するし
LOVE MAKES A FAMILY

同性カップルが出てくる絵本も多いし

オムツのパッケージ写真が同性カップルのときもあるし
Libero Comfort
日本じゃそんなの見たことない!!

LGBTだけじゃなく養子やシングル家庭などの差別も基本的にはないですね
実際には離婚率が高かったり養子縁組みも多いからという理由もあるからなんですが
ゼロではないけど

あのIKEAのCMにだってシングル家庭や養子が登場したりします
へー!

あとスウェーデンは男性の育児参加も進んでいるイメージですが……
1970年代からスウェーデン政府は積極的に男女平等に取り組んでいるようですね

男女の賃金格差も日本より少ないし育休を取る男性が90%近くいます
父母あわせて480日の育休
育休は8歳まで有効
相手に譲れない有給の育休が90日
児童館にも常にパパがいる

最近は公共のトイレも男女共用という形が増えてます
オムツ台などをパパも使えるというのも理由のひとつみたいで
これホントにそうだった!! ビックリした!!

最近は、日本でも男性の育児参加は増えてきたけど
でも日本社会は育児するパパに対しては冷たい!!
なんて声もよく聞くからそれはいいなあ
トイレ共有にするかはともかく男女共に育児しやすいのはいいよね

ところでベビーシッターなどの外部サポートについてはどうなんですか？
都市ではわからないけどこの街で利用しているのはよほどの富裕層だけじゃないかな人件費も高いから……
でも男女ともに労働時間が短いから家族で回せてるんだと思います
そっか長時間労働問題もないんだ！
てかシッター文化なくて長時間労働な日本ってあらためてどーなの!?
う――ん
さすが世界有数の福祉国家！
いやでも税金バカ高いしそのわりにサービス行き届かない部分もあるし完璧ではないですけどね！
寒いし冬は日も短いし!!
ただ日本よりは「普通」を周りから押し付けられることは少ない
どんな家庭だろうがそれは個人の自由でそれを社会や制度は助けるだけ……そこはいいですね
ところで今回の取材でみっつんさんばかり登場したのは
社交的でしゃべり上手
基本無口でシャイ
だからでして
……
みっつんさんのどこを好きになったんですか？
特にハッキリしないなあ……
ずっと
この人と結婚しようと思ったのは？
こんな感じ
単なるタイミング
欧米人男性なのに愛あふれるノロケとかいっさい出ないんですね……
欧米といってもスウェーデン人！北の男だから！基本ハッキリ言わないキャラだから!!
も――!!
スウェーデン語と英語をペラペラしゃべりつつ動きまわるみっつんさん
……
静かにたんたんと息子くんの世話してるリカさん
……

この2人……キャラが正反対だからこそ家族のバランスが取れているのかもなあ……

うーーん おもしろ!!

なんて思ったりもして……

でもそんなリカさんで印象深かったのは——

子どもを持とうと思った理由？

妹夫婦に子どもができてその影響を受けたというのもあるし……

それに

みっつんが子どもが好きなのわかってたから

……それは私にはどんな言葉よりもすごい愛情表現のような気がした

彼は子育てのパートナーとしてとてもいいよ

ひとつだけじゃなくていろんな道を一緒に話し合って考えていける

そうだ……そこはどんな家族であろうときっと一緒だ

やることや悩みも多い子育てを一緒にうまくやっていくなら……

そして家族であることにつかれずにずっと長くうまくやっていこうと思うなら……

いちばん大事なのは……

話し合うこと

話し合える関係でいること

正反対だからこそ……

リカさんの言う「ひとつだけじゃなくていろんな道を一緒に話し合って考えていける」、これって、育児ではものすごく大事なことだと感じました。

なぜなら、育児は正解のない世界だから。住んでいる地域や家族の性格や体質などによって大きく変わるものから。だから、**「子育てはこうでなきゃ！」に縛られるよりも、いろんな道を試してみよう、探ってみようという柔軟な姿勢が大事。**2人がそこをしっかり共有できているって、家族として強いなあ、と思ったのです。

さらに興味深かったのは、みっつんさんとリカさんのキャラが正反対なこと。実はこういうカップルって多いですよね。わが家もそうです。だから、その反対さゆえにイラッとすることもあるし、なぜ私はこういう人を選んだんだろう？　と不思議に思ったこともあります。

でも、ある臨床心理学者の説によれば、正反対の人に惹かれるのは「その人が自分にない（または足りない）資質を持っているから」。つまり、**「自分にもほしいと思う相手の資質に惹かれる」**ということらしいのです。また別の説では、**正反対だと得意分野も違うから、2人が一緒に手を組めば、やれることや守備範囲が増える。補い合える。**家族はチームだから、総合的に強くなるために、生命体として生き残るために、**本能でそういう相手を選ぶ**、というものも。真相はわかりませんが、個人的にはなるほど〜！　と思いました。

「つかれない家族」のヒント 10

パートナーと性格が正反対でつかれる

← 正反対タイプとの意見のすり合わせは大変

でもチームとしては最強になれる可能性もある

『「気がつきすぎて疲れる」が驚くほどなくなる「繊細さん」の本』
武田友紀著（飛鳥新社）

「HSP（とても敏感な人）専門カウンセラー」による人間関係や仕事を楽にするテクニック集。繊細タイプじゃなくても、パートナーが正反対タイプで、気持ちがよくわからない、困っている、という人の参考にもなりそうな良書です。違うタイプの人とうまくやる心構えやノウハウが満載。

人間関係の基本がつまってる！

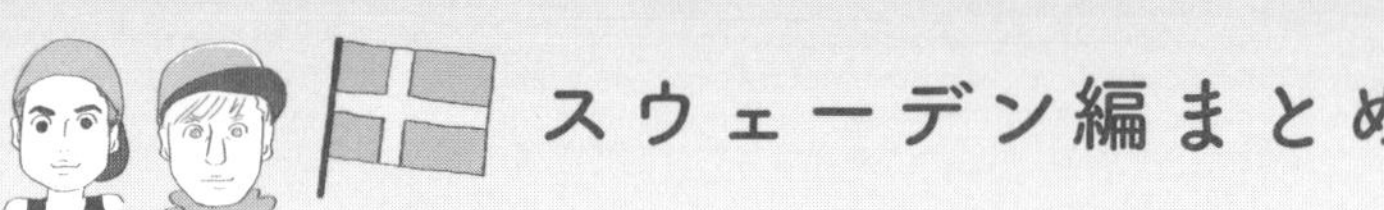

前述したように、日本の男性の育休取得率は約7・5%。育休取得率90%というスウェーデンとは雲泥の差です。でも、このスウェーデン取材でわかったことは、**皆で育児を分担するのが一般的なスウェーデンも、数十年前はまったくそうではなかった**ということ。実際、リカさんのお父さんは育児をしていませんでした。

でも、いろんな政党、団体、そして個人がコツコツ活動し戦ったことで、制度が変わり、社会システムが変わり、新しい社会意識が生まれ、ゆっくりと今のスウェーデンになったのです。このように、**世界の育児先進国と呼ばれる国のほとんどが、数十年前はかなり前時代的だった**ということを、このあと私は他の国の取材でも実感することとなります。

それはつまり、**日本も同じように変わっていく可能性がある**ということ。私はそんなふうに前向きにとらえました。一人ひとりが「自分が子育てしたい社会」をイメージしながら行動していけば、社会はその方向に変わっていく。**自分の国は自分で変えられる**のです。

「ええっ、国を変えるなんて、大げさ!!」と思う人もいるかもしれません。でもたとえば「知人男性が育休を取る」と聞いたら「それはいいね～!」と言葉にするだけでも、それはひとつの社会活動です。「いいね!」はひとつの波を作るから。そして、ひとつの波は次の波を呼ぶからです。こういうことも、つかれない家族を作る大事なことだと感じた取材でした。

その後のファミリー

『ふたりぱぱ：ゲイカップル、代理母(サロガシー)出産の旅に出る』
みっつん著（現代書館）

取材後に出版されたみっつんさんの初著書。ふたりがどうして子どもをほしいと思ったか、どうして代理母出産という手段を選んだかが、詳細情報と共に綴られています。同じ立場の人への良質なガイドブックであり、興味深いエッセイ。代理母になってくれた女性との交流、そして彼女からのプレゼントのエピソードには、思わず泣いちゃったよ……！

「ふたりぱぱ」（YouTube）

パパふたり＆息子くんの生活の様子や、スウェーデン文化、LGBT、国際結婚についてなど、情報もりだくさんの家族チャンネル。息子くんのかわいさや穏やかなリカさんや北スウェーデンの風景に癒やされるし、みっつんさんの料理や育児のアイデアが勉強になることも。そして、みっつんさん、演劇をやっていただけあって喋りと編集がうますぎ！ 才能が爆発してます。

ケーススタディ❹

ほぼワンオペ育児で3人子育てそれでも夫婦仲良し富山ファミリー

IN 日本・富山
（2018年12月取材）

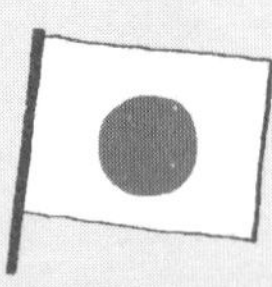

1歳

4歳

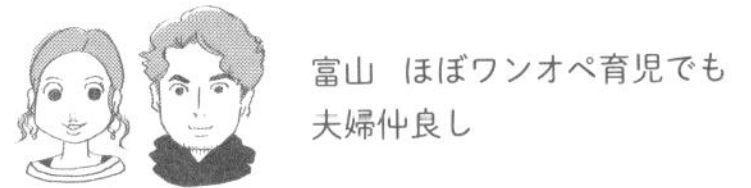

富山　ほぼワンオペ育児でも
夫婦仲良し

結婚をきっかけに
知らない土地に引っ越して

すぐに子どもができて

友だちもできないまま
子育てをスタートしたけど
夫は仕事で
不在がち……

わあああん

そんな
家庭は
多い

私がかつて東京で
赤子のワンオペ
育児してたときは
慣れた町だったし
近所の友だちにも
恵まれていて

それでも
大変だったし
夫婦仲も
ボロボロ
だったっけ……

それなのに
慣れない町で
友だちゼロで
赤子ワンオペ
育児なんて！

想像しただけで
震える!!
それで家庭平和
なんてありえない!!

ブルブル

とずっと思ってたのですが

ツイッターで
よくRTで見る
この「ボンベイ」さん
ってアカウント……

双子含む3人の
乳幼児の育児を
ほぼワンオペで
やっている女性
みたいなのに……

うちは
けっこう
仲良いと思う
夫婦であり
恋人であり
親友であり

夫のこと
大好き
だからなあ
これからも
大切に
しよう

不仲どころか
ノロけてる!!
なんで!?

そんでもって
今住んでるのは
生まれ育った沖縄
から嫁に行った
富山なんだ!!

ボンベイだから
インドに住んでる
日本人かと思いきや！

まさに
知らない土地での
ワンオペ育児
しかも富山って
私の故郷だよ！

気になりすぎて一時帰国の
ときに取材してきました

富山つながり
うれしいです！

ボンベイさん
30代前半

夫の本田さん
30代前半

娘3人

双子1歳

4歳

本田さんは富山の老舗焼き肉店の2代目オーナー
富山に数店舗あるほか最近、東京にハンバーガーショップもオープンしました
「大将軍」「SHOGUN BURGER」などです
私も社員としてネットなどの仕事を担当してます
そんな2人の出会いは東京での大学時代
つきあってください!!
顔が好み!うれし〜!!
バスケサークルでいっしょ
OK!!
本田さんは焼き肉店を継ぐことを決めていたので卒業後は東京で
いくつかの店で修業
研究
ボンベイさんは
エアベンチャーで営業職をしつつ
焼き肉店でもバイト
ボンベイさんまで焼き肉店で?
その頃から結婚したら焼き肉店やろうって話してたんで
前向きに2人で計画立てて進めてました
そして25歳で結婚2人で富山へ
焼肉ハウス
DAISHOGUN
当時は義父母と夫婦が全員接客を担当住まいも実家で同居
1年後に長女出産産後1ヵ月で仕事復帰
子連れ(!)接客
私たちのほうが勤務時間は短いし家事は任せて!育児も手伝う!
助かります〜
でも……
ガラッ
ハイちょっと部屋の掃除するわね〜
わっ
勝手に部屋に入ってこられると……
ただでさえ仕事も家も一緒だから私ひとりで過ごせる場所も時間もゼロなのに……
ちなみに職場復帰早すぎてママ友もゼロ…
ザ・ファミリービジネス!!

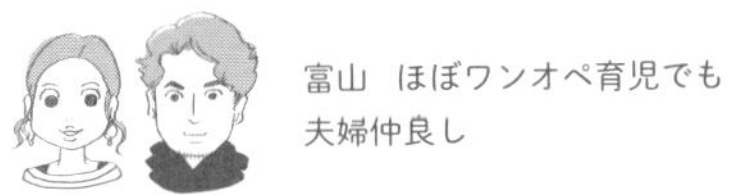

どこに行くの？
いつ帰ってくる？
息子の帰りが
遅すぎて心配
なんだけど……

えーと…

2人とも本当に
いい人だけど
心配性すぎるし
何もかも報告するのも
ストレス……！

家事や育児を
助けてもらうのは
ありがたいけど
気を遣うし
申し訳ないし
肩身が狭い……

それだったら
自分のペースや
やり方で
家事育児を
やりたい!!

だんだんと
別居を
望む
ように

一方、その頃は焼き肉店も
大変な時期で

経営が破綻寸前
ヤバすぎる!!
なんとかして会社を
立て直さないと！

2代目への
抵抗勢力に
負けるか〜!!

長年のスタッフ

別居したい？

同居してるほうが
生活はラクなのに
それはおまえの
甘えだ!!

甘えじゃない!!
自分のやることが
増えてでも
別居したいの！

は？

オレも
今必死
なんだ！

もうムリ
なの!!

それから
いろんなことを
経て

家出!!

泣きながら
ケンカ

疎遠になること
覚悟でついに
別居が決定

でも実際に別居して
みると……

余計な心配を
しなくていい
からラクだねー

別居したほうが
いいって言ってた
意味が今
ようやく
わかったわ!!

お義父さん
お義母さん!!

ボンベイさん自身も

この日子どもを
見てもらうこと
できますか？
あ、ムリなら全然
OKなので！

サラリ

離れたことで逆にうまく
義父母に甘えられるように

やっぱ別居は正解
だったんだなー

しかし別居早々に
双子の妊娠がわかり

双子!?
それじゃまた
同居したほうが
いいんじゃ!?

せっかくうまく
いきかけたのに
何でまた!?

そこで彼女は決意する
でも確かに3人育児なんて大変に決まってる
じゃあどうしたらできるのかを考えよう!!
彼が経営者という職種なのは大きいし……
私が好きなタイプがズバリ「自分より仕事ができる人」だからです!
キッ
その後、本田さんは会社の改革に成功
よーし次は全国進出だ!!
店の種類も増やす!!
豚焼き肉店
ハンバーガー
双子出産後からネットなどの裏方仕事にまわるように
つきあいだしたときにこの人こそそうだとピンときてだからこそ一緒に富山に来て焼き肉店をやることを決意したんだし
むしろ私から積極的に行くって言って
ありがたいと思ってます
なので今オレは出張も多くて富山にいないことも多いですね
でも結局同居はせず3人を育ててます
それが謎すぎて!しかもそこまでワンオペ育児してても夫婦仲良しって……
だから彼には思う存分仕事してほしいって思ってるんです家事はしなくていい
ええ
うちもかなり夫が多忙だし私も仕事できる人が好きだけど……
でも家事しなくてイイとまでは言いたくな
!!
長女が赤ちゃんだったときは同居問題もあってよくケンカしてたけど今は平和ですね
基本ワンオペなのも私が決めたことだし
それにこの形でOKって言える理由としては
理解はできないけどとにかくそこまで妻に決意させて尊敬されてるのはすごいことだな……
じ
?
思わずダンナさんの顔を見つめてしまった私なのでした

自分にとっての自由って？

ワンオペ育児よりも「自分のペースやり方で家事育児ができないこと」はもっとつらいと、断絶覚悟で戦い、自分が望む生活を手に入れたボンベイさん。そんな経緯があったので、この生活は、彼女にとっては「ワンオペさせられている生活」ではなく「自由にやらせてもらっている生活」という捉え方なのだそう。

もちろん、人によっては「家事育児の手は多ければ多いほうがいい。生活のなかで少しでも休憩時間が多く取れることこそが自由！」という人もいることでしょう。なのでこれは**「何が幸せか、どんな自由を求めるかは人によって違う」**という話でもあります。

ちなみにこの家庭、今は義父母とは同居時代よりも仲がいいそうです。お互いにいい距離感がとれるようになって、関係性もよくなり、**全員が「別居してよかったね」と話している**とか。そんなパターンもあるんだ！　とビックリしたのですが、仕事が全員一緒ということもあって、この家庭にベストなスタイルは別居という形だったのでしょう。

もちろん、この話はワンオペ育児を推奨する意図で紹介したわけではありません。ただ、このボンベイさんのように、結果的にワンオペを選ぶことになった、職種的にそうならざるを得なかった、という家庭はとても多いのが現実です。そして**ワンオペ育児は本当に過酷**。では、実際にはどうやって乗り切っているのか、さらにインタビューは続きます。

自由がない生活につかれる

その自由がどうしても
必要なものならば
とことん家族と交渉し、
説得してみる

双子を含む3人の娘を育てるこの夫婦

IN 富山

本田さん
焼き肉チェーンオーナー
30代前半

ボンベイさん（アカウント名）
その焼き肉店社員
30代前半

4歳の長女
1歳の双子
保育園児

最近、店舗の全国展開を始めたのでオレは出張が多くて富山にほとんどいません

ひどいときは2カ月いないとか

なので長女だけ月に2回ほど義父母のお世話になってます 双子はまだ預けたことないですね

となるとダンナさんがやる家事育児は……

ゼロですね!!

キッパリ

ニーやって遊ぶくらいはするけど

双子出産後は少しはやったけど

そう言い切った人この連載で初めてですよ!!

そんな状況でどうやって3人を育てているかというと

まず私の基本的な大前提はこれです

お金で解決できることにはお金を惜しまない

便利アイテム＆サービスフル活用！

乳幼児育児時代こそお金の使いどころ!!

というわけで

本田さんちの愛用便利アイテム＆サービス

まず時短アイテムとして利用してるのは……

便利アイテム その①
みじん切り器

厰風堂
ぐるぐる
みじん切り
チョッパー

ヒモを引くとみじん切りになる

これは噂の……私もほしいやつ!!

これは私の中でみじん切り革命でした

ヒモ引くのも気持ちよすぎてついやりすぎちゃうほど操作性もいいし

これで娘たち野菜なんでも食べます！

ぐぐぐ ぐい

絶対に買ってスペインに持って帰る〜〜〜!!

便利アイテム その②
ハンズフリー授乳クッション

哺乳瓶を固定してミルクが飲めるクッション

双子を一日中授乳してるなんてムリなので本当に助かりましたよ

むしろ哺乳瓶が安定して飲みやすそうだし……双子育児じゃないママもしんどいときは活用するといいと思います
こんな授乳クッションあるの知らなかった！
便利アイテム その③
巨大サークル
何か作業しててちゃんと見られないときもこれがあれば安心なんです
使わないときは立てかける
便利アイテム その④
市販のベビーフード
離乳食って手作りするとストレスも手間もかなり増えますが
おかゆ⑤
ベビーうどん
がんばっても食べないとき多いし
それならオールベビーフードでOKと私は思いました！ベビーフードは栄養バランスもとれているものが多いので
確かにうちの息子もかなり市販のベビーフード使ったけど、今超健康だしなあ
ガンガン使いました!!
むしろ元気すぎ
便利アイテム その⑤
ロボット掃除機&床拭きロボット
アイロボットのルンバ
アイロボットのブラーバ
ルンバもブラーバも両方持ってるんだ！
とくにブラーバは愛用してます！フローリングは水拭きすると快適になるし音も娘の寝息と間違えるほど静かだし！
大きな食べこぼし以外は自動化!!
でも床にものが多くて結局使わないって声もよく聞くけど……
うちは基本ものは最小限しか置かないんです そのために「散らかしOKの部屋」を1室作ってます
投げ入れOKの収納部屋
とりあえずここに!!
なるほどいいアイデア！
便利アイテム その⑥
洗濯乾燥機
パナソニックのドラム式
「乾燥機付き洗濯機」ではなくて「洗濯乾燥機」一択です！
その違いって？

「乾燥機付き」だとおまけなので乾燥機能が弱くて時間がかかるんです

高いけど絶対に洗濯乾燥機で！

なるほど　それは大事！

便利サービス　その①
食材の宅配サービス

ヨシケイ

週5で宅配
配達料無料

宅配BOXも無料設置してくれているので留守にしても大丈夫だし

普通の食材、調理済みのお弁当、またはすべてカットされていて炒めるだけというパターンから選べます

献立を考えなくていいから早い!!

宅配は確かに必須！いろんなパターンから選ぶことができるっていいねぇ

便利サービス　その②
ベビーシッターや夜間保育

ただ富山はまだシッターさんが少なくて頼みたい日につかまらなかったりでたま～にしか利用してないですが……

あ～東京は多いけどね～…

さらに今は大きい食洗機と時短調理器のホットクックの購入を計画中です！

ホントにフル活用！でもひとつ気になることがあるんだけど……

時短アイテムやサービスの導入に家族が反対するって話もよく聞くんだけど……

シッター？そんなのお金がもったいないよ

ちゃんとイチから料理や離乳食は手作りしなきゃ

夫は積極的に探してくることもしないけど反対もいっさいしませんね

基本的に楽になるならどんどん使えばいいよねってスタンスです

だって当然ですよ

そのあたりオレは家庭も仕事も同じように考えているんで

というと？

実は本田さんが先代から店を継いだとき……
うちの店は長時間労働なうえに利益率が低すぎる!
う〜ん
そこで店の調理のシステムを改革
すべて手作りだと長時間労働になってしまい従業員が大変すぎるから……
手作りと外注するものに分けたんです
タレ
出汁スープなど
こだわりがあるので手作り
キムチ
お通し
それ以外を外注
この改革で店は長時間労働が減って利益率が上がったし…… 家庭だって全部手作りでひとりでってムリに決まってるでしょう?
なるほど!!
合理的!
それに料理にケチつけるとかないっすね というかオレは基本ごはんは別だし
外食したり
私は夫のごはんは作りません
たまーに頼まれると作りますが
えっ そうなの?
オレは仕事柄舌が肥えてるし各店舗の味チェックをいつも仕事でやってるから
まずい
ズバッ
……と正直に言ってしまうこともあるので
あと助かるのは例えば私が明らかに家事をサボってたとしても……
ヘーゼン
ぐちゃ…
なるほど! 自分がやらないならすべて任せて口は出さない
さらに文句を言ってしまいそうなジャンルに関しては自分のことは自分でやると!

あとは時短のためにかけられるお金があるってのも大きいよなあ……
さすがチェーン店オーナー夫婦!!
え、うち別に金持ちじゃないですよ?
え?またまたー
たぶんほかのうちとお金の使いどころが違うだけです
たとえば富山って持ち家率が全国トップを争うくらいで結婚してすぐ家を買う夫婦も多いんですけど
私たちの場合……
持ち家ではなく賃貸マンション
家賃 78000円
結婚式してない
結婚指輪なし
婚約指輪 5万円のペアリングのみ
夫婦の給与は最低限設定
給料
全部会社を完全に立て直すまでは我慢って決めてるので
結婚式費用に数百万かけるなら生活と育児に使おうってだけで
そっか優先順位が違うんだ!!
結婚式のちがぜいたく!
さらに2人は月イチくらいでデートに出かけて
保育園の時間またはシッターさんを呼んで
9割がたオレから誘いますね
記念日とかも夫のほうがちゃんと覚えてます
さらに本田さんは外で酔うと
好きだよ
いつもありがとう
ってLINEが来たりします
このダンナさん……女心をつかむのがうまいな!!
謎が少しずつ解けてきたぞ!
――さてここで妻(または夫)に家事育児をほとんど任せている人に質問です
家事育児のメイン担当の人が「ラクをするためのアイテムやサービスを利用すること」「家事育児が完璧にできていないこと」それに対して不満を言ったことがありますか?

ワンオペはなぜつらいの？

この「自分が家事育児をやれないのなら、そのやり方に口を出さないし文句も言わない」というスタンス、ワンオペでも夫婦仲がいい理由のひとつはそれか！　とすごく納得できました。家事育児の時間が長いと生活の自由時間はかなり少なくなるので、そのうえにやり方にまで自由がなかったら、精神的におかしくなってしまうからです。

「いやいや、それはそうとしてさ、時短家電やサービスにかけるお金がまったくない場合は!?　結局、お金で解決かよ！」。もしかしたら、そんな声もあるかもしれません。

そのとおりです。**ワンオペのつかれを減らすいちばん手っ取り早い方法はお金**です。なぜなら、**ワンオペ家事育児というのは、「お金に換算すればかなりの高額になる量と内容の労働を無報酬でひとりでやっている状態」**のことだから。だからこそ、つらいのです。

だから、ワンオペがつらいけど、そのつかれを減らすためのお金がない、もしくは出したくないというなら、**ワンオペという方法自体が家庭に合っていない**のです。そうであれば、**その状況を変えるために、家族と徹底的に話し合い、働き方や分担方法を変えるよう交渉するしかない**と私は思います。ただグチを言っていても状況は変わりません。もしかしたら、それは職を替えたり、会社との交渉が必要になったりする場合もあるかもしれません。でも、状況を本当に変えたければやるしかないのです。そして、それは**人としての当然の権利**です。

「つかれない家族」のヒント 12

ワンオペ育児が大変すぎてつかれる

↓

・やらないほうは家事育児のやり方に口出ししない
・時短アイテムやサービスは積極的に利用する
・家庭のお金の優先順位を見直してみる

双子を含む娘3人を育てるこの夫婦
IN 富山
本田さん 焼き肉チェーンオーナー 30代前半
ボンベイさん（アカウント名） その焼き肉店社員Web担当 30代前半
4歳の長女 1歳の双子 保育園児
長女の子育てをしたときは
若い頃は睡眠3〜4時間 始発終電で働いていた時代もあったけど
睡眠・食事・排泄さえ自由がない今のほうがよっぽど大変!!
わあん
そして双子を出産した後は
覚悟はしてたけど双子育児って過酷……!!
心身ともに潰れそうになって現実逃避がしたくなって……
わあああん
産後2ヵ月のときにプログラミングの勉強を始めました
なにその現実逃避!?
?
もともとはこの夫婦
家業の焼き肉店を継いで店を改善して大きくしていきたいんだ!
じゃあ私も一緒に勉強するしがんばるよ!
という流れで富山にUターンしたのだけれど
実際に来てみると
立場上仕方ないんですけど
どこに行っても「〜の妻」という呼ばれ方扱いで……
双子出産後は自宅に引きこもることも増えて
自分で選んできた道だから後悔はないけど
でもこのまま家事育児ばかりに追われていていいのかな?
私は勤めていた会社も数年で結婚退職で辞めてしまったからキャリアもない
今の私は「妻」か「母」として必要とされているだけ……

私自身が「なにもの」かになりたい!!
そんな気持ちがあったのも理由のひとつです
なるほど……
そんな思いでオンライン講座でプログラミングを2ヵ月勉強し
前後抱っこで立ったまま!?
どんな体力と根性!?
プログラミングを使って「私だけにしかやれないこと」をやろう
基本ワンオペ育児で双子を含む3人を育てている私だからこそできること……
そこでまずは全国の双子ママが交流・情報交換できるサイトをオープン
HUTACHAN
ふたごちゃんねる
双子情報が少なかったのでこのサイトは賞も受賞しました
さらに「死なせない育児」という育児法をSNSで発信
「死なせない」が最重要ミッションってことですが具体的には……
双子ママの育児って最も効率的でムダのない子育てだと思ったので
でないとムリだから
きっとほかのママたちの参考にもなるだろうなと思ったんですよね
まずは大前提の「お金で解決」「便利グッズフル活用」に始まって……
→この詳細は前回記事を読んでね
たとえば
家事育児は完璧を目指してはいけない
完璧を目指すと親が壊れる！赤ちゃんのお風呂だって2日に1回でも大丈夫！
濡れタオルでふいて着替えればOK!!
母乳神話の呪縛から抜け出そう
母乳じゃなくてもミルクでむっちゃ元気に育つ!!
私は2ヵ月で完全ミルクです
日本は母乳神話はびこりすぎ!!

15分くらい泣かせっぱなしでも大丈夫!!
双子育児じゃそんなの当たり前!!
罪悪感を持つ必要なし!!
ミルクをあげながら必ず目を合わせなくてもいい!
ハンズフリーの授乳クッションもしんどいときは利用する!
泣くのはお母さんのせいじゃない赤ちゃんは泣くもの
TVもYouTubeもおしゃぶりも泣きやむなら何でも使ってOK!!
周りの理想論は聞き流していい
大丈夫ちゃんと元気な子に育つから!
……私がこういうメッセージを伝えたかったのはギリギリの状況で育児をしている母親
私と同じようにギリギリのラインにいる母親たちです
実際「死なせない育児」は多くのママを励まし
本当に気がラクになりました!
夜泣きがつらいときに読みました
自分をずっと責めていたけどボンベイさんの言葉に涙が出た
SNSでかなり拡散され多くのフォロワーも獲得
彼女はもともと論理的で感情的ではない話ができるし賢いんですよ
でもこの状況でここまで勉強して行動するって……ますます尊敬するようになりましたね
だから彼女には信頼して仕事の相談ができる
実際うちの店舗が新宿店をオープンしたときは彼女のアイデアでクラウドファンディングをして大成功しました
SUCCESS!
210人
なんと3時間でサクセス!!

私が勉強したり発信したりするのは夫と対等な関係でいたいからなんです
ある意味 彼は私のライバルでもあります
ライバル!!
そんな2人の今後の目標は
新宿店が軌道に乗ったら全国展開……いずれは海外進出も狙いますよ！
私は個人活動をもっと広げて経済的にも独立していきたいと思っています！
楽しい店を作り続けます！
海外に住むのも私たちの夢です!!
なるほど……2人が家事育児や働き方の方針をしっかり共有できてるのは
仕事やプライベートの夢や目標が共有できてるってことが大きいのかも……だから家庭の方針も決めやすいんだ
それにしたって3人育児をしながらあれだけ勉強して発信するってすごすぎ！
……とはいえ私もかつてはかなりのワンオペ育児をしてたからわかる気もする……
孤独な育児をしていると……いつのまにか何かに足をとられて
そこから動けなくなってしまうときがある
そんな黒い海に全身が沈みそうになったとき
わあああ
わあああん
びええええん
力を振り絞って自分の言葉で発信を続けること……
それによって自分自身がその海から抜け出せることがある
苦しいときつらいとき助けが必要なとき……
そんなときこそ私たちは声をあげたほうがいいんだ

SNSで自分を救う

ボンベイさんはいろんな思いから、SNSで自分の家事育児ノウハウや考え方を発信するようになりました。それが彼女個人の仕事を生み出すきっかけになり、本人曰く「SNS発信することで、過去の自分が救われる感覚がすごくある」そうです。

そこまでいかなくても、私は**「パパママのSNS利用」はとてもいいこと**だと思っています。なぜなら、育児中は家庭にいる時間が増えて孤独に陥りがちだから。でもSNSでは、(1)いろんなパパママアカウントが常に有益な情報を発信しているので、**情報収集がカンタンにできる**。(2)家事育児のつかれや愚痴を発信することで、**ストレス発散ができる**（一般的には、家事育児ではInstagramはキラキラ発信が多いので、Twitterのほうが愚痴が言いやすいようです）。(3)自分の言葉で発信することで、**自分のつかれやストレスの原因が整理されたり、アドバイスがもらえて問題解決方法が見つかったりする**こともある。(4)**パパ友ママ友ができることもある**、という長所があります。SNSは合う合わないがあり、長所ばかりではありませんが、使い方しだいで今の状況の改善につながることもあるのです。

そして、ボンベイさんの「死なせない育児」が多くのママたちの心に響いたのは、彼女が本当に悩み、苦しみ、そこから必死で導き出した答えだから。私も、同じワンオペ経験者として、この富山編は描いててグッとくるものがありました。長時間労働王国である日本にはワンオペで苦しい人たちが山ほどいます。どうか、そんな人たちにこの内容が届きますように！

「つかれない家族」のヒント 13

もう何もかもが心底つかれる

←

目標設定を「子どもを死なせない」と低めに設定し、自分を大事にしながら家事育児をする

富山編まとめ

家族は「生き物」

もしかしたら今回抜粋した「死なせない育児」だけだと、単なる「手抜きのススメ」と取る人もいるかもしれませんが、それは誤解です。本当に彼女が伝えたいのは、「**力を抜くときは抜いて、こだわりたいポイントはしっかり育児をする**」ということ。彼女はSNSでは、明るく楽しく育児を楽しむコツやこだわりについても紹介しています。

さて、そんなボンベイさんは、焼き肉店の仕事もしつつ個人的な活動も広げていて、その一部はマネタイズして個人的な収入も得ているそうです。今後はそれをもっと広げていきたいとのことでした。本当にパワフル……！

ですが間違っても、自分の家族に「ほら、ワンオペで双子を含む3人を育てても、こんなに活動してる人もいるよ！　あなただってひとりで家事育児できるはずでしょ！　なに甘えたこと言ってるの!?」的なことは言わないでください。「**他人と自分の家族を比べること**」**は、家族がつかれるいちばんの原因だからです。自分自身を責めることもまた同じ**です。

この夫婦にインタビューすることで、私は「ワンオペ育児」を客観的に見つめ直すことができました。そしてワンオペにもいろいろなカタチがあることを知りました。ちなみに、この家庭も今はこの頃と家事育児分担のカタチが変わっているようです。**家族は生き物。どんどん変化し、カタチを変えていくもの**なのです。

富山　ほぼワンオペ育児でも
夫婦仲良し

ボンベイ Instagram

10万人近いフォロワーのいるボンベイさんのInstagram。最近は「死なせない育児」から「死なせない育自」とテーマを広げ、自分育てにも重点を置いている。ストーリー機能を使った「ノンおこチャレンジ」は、日にちを決めて1日怒らず育児するぞという日。皆での励まし合いの場にもなっている。怒る自分につかれた人にオススメ！

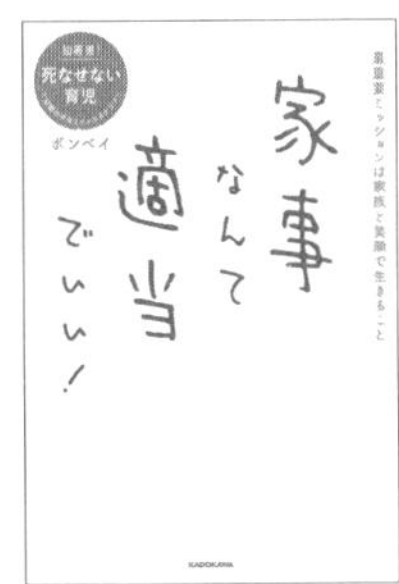

『家事なんて適当でいい！』
ボンベイ著（KADOKAWA）

取材後に出版されたボンベイさんの初著書。完璧な母親を目指していた自分から脱却した経緯、家事育児を楽にするコツをまとめています。特に義母に懐く長女への心の葛藤と、それを乗り越えるくだりはぐっときたなあ……。初版印税を子育て支援団体に全額寄付したのもまっすぐな彼女らしいところ。

ケーススタディ⑤

パリの人々も悩みながら育児しているフランス国際結婚家族

IN フランス・パリ（2019年2月取材）

日本ではフランスの本や記事はとても人気がある

フランス人は10着しか服を持たない

フランス人は子どもにふりまわされない

フランスの子どもは夜泣きしない

ヒット本も多いし……パリに憧れる日本人が多いから？

はっ

あれ でもヒットしているフランス本ってアメリカ人筆者多いな

全米でもヒットしてる！

アメリカ人よあなたたちもフランス大好きなのか？

それにしてもフランス本って面白いは面白いけどこれ全部ホント？

ママも子どもも完璧すぎてさ～

ブツブツ

けっこう**話盛ってんじゃないの？**

確かにフランスは少子化対策に成功した国らしいけど……

というわけで真相を探りにパリに行ってきました

Paris

France

住んでるスペインのおとなり

さあその正体を見せてみろパリよ!!

訪れたのはパリ郊外に住むこちらの夫婦

日本人妻 髙崎さん 40代半ば

ようこそ!!

フランス人夫 ピエールさん 40代前半

9歳の長男

6歳の次男

パリに20年住む髙崎さんの職業はライターで

こんな新書も出版

髙崎順子 フランスはどう少子化を克服したか

寄稿記事も多数

パリに住んでる本も出してまーす

まさに今回の取材相手としてはピッタリでしょう!!

さっそくですけど『フランス人は10着しか服を持たない』のような本って実際のところは……

〇〇しない系のやつ

あーあれねー

いろんなの出てますよねー

どこのフランスの話なんだろうね？

フランス人服のセール大好きだしね

もちろん本当のことも書いてあるけどー

あはははは ー

やっぱそんなもん なんですかー
そんなもんですよ 俺たちも 不思議なくらいで
でも ほめられてるから まあいっか的な かんじでね
ハイ ナゾがまず一つ 解けたぞっと
さてこの夫婦が 出会ったのは約20年前
パリの 農業見本市 にて出会う
食品メーカー 社員で
当時は ワインメーカーで研修中
海外遠距離恋愛 などを経て 10年前に結婚
その後私が 35歳のときに 第1子を出産 しました
フランスは 世界でも特に 無痛分娩率が 高いんですよね?
私無痛で産みたかったけど 出産した病院ではムリだったから うらやましくて
麻酔費用の 自己負担はゼロ ということもあって 80%以上が無痛で 産んでますね
これも 医療保険 でカバー
へー!! 日本だと無痛を 選ぶと十万円 くらい金額が 上がるのに! いいな——!!
高くて 無痛に できない人 多いよ
でも私は最初は 自然分娩を 希望してたん ですよね だって……
母
お腹を痛めて 産んだ子だもの それはかわいい わよ!!
なんてセリフを 日本では聞いて 育ってきたから
でも長男の 出産にすごく 時間がかかったとき 助産師さんが
無痛分娩に 切り替えるなら 今しかないわよ
でもここまで がんばったんだし……
ぜー ぜー
最後 まで!!
じー
……?
ポン
あなたね
産んでからの ほうが 大変なのよ
これ以上消耗して 今夜から赤ちゃんの 世話ができるの!?

その言葉にハッとして……私産んでからのこと本気で考えてなかったんですよね……
すぐ無痛に替えて結果は大正解でした
母子同室なのに！
産んでからが育児のスタートでそこからが長いですもんね
フランスでは無痛は「痛い思いをしたくないから」という逃げではなく
産後の育児生活に向けてよりよい条件を整えるための方策と考えられているんです
そっかつまりは……
「育児はそれくらい大変」さらに「育児をする母親はつかれていないほうがいい」ってことを国が理解してるんだ!!
そう、だから無痛も無料でできるしそのほか出産に関してはこんな補助があります
健診費＆出産費＆妊娠6カ月以降の他の医療費タダ（公立病院）
+
出産祝い金約12万円
立て替えもナシ
へー日本の出産手当金よりかなり手厚い!!
日本も産科医療自体は世界トップレベルだし育休中の手当金はフランスよりも高い……
とはいえフランスの「タダで自分の好きな方法で産めてお祝い金も出る！」は少子化対策としてはわかりやすいですよね
さらにフランスには14日間の「男の産休」があります
男の産休!?
産まないのに!?
「男の産休」はフランスでは会社員パパの義務
3日間
出産有休
11日間
子どもの受け入れ及び父親休暇
会社から給料が出る
国が給料を代わりに支給する
拒んだ雇い主には罰金があるので取得率はかなり高いですね
俺も2週間の産休取りました
罰金ってすごいな！
へー!! 産休中はどんなふうに過ごしたんですか？

男の産休は「パパとしてのトレーニング期間」という位置づけなので……
入院中
何時に病院に来られますか? それに合わせて沐浴(もくよく)などの練習時間を決めます
2人で受けるんだ!!
順番にひとりずつやりますよ
パパは母乳授乳以外はひとりでやれるようになってね
あなたには責任があるのよ!!
あの14日間は大発見の連続だったなあ…… あれがなかったらどう育児に参加していいかわからなかったよ
彼のほうが風呂入れが上手だったからその後もずっと彼の担当になったしね
この2週間で「パートナーがガラッと変わった」「父親としての自覚ができた」って話はよく聞きますね
入院中から一緒に育児をスタートするんだ……
私が日本で出産した病院は夫は育児の練習どころか抱っこもほとんどできなかった……
母子別室の病院で出産直後以外は母親しかだっこできない
じー
出産に遅刻し退院までだっこできなかった夫
日本ではこんなママたちの声を聞くことは多く
うちの夫父親としての自覚なさすぎ
も―
夫の育児はあぶなっかしくてドキドキするしかえってストレス!!
やり方教えるのもつかれるし!!
そんなパパたちは「悪者」的な扱いをされがちだけど……
急に自覚しろと言われても…
も―なんだよすぐイライラして!!
もしかしたら日本の多くのパパたちは
「訓練期間」すら与えられていないかわいそうな立場なのかもしれない
研修なしでいきなり現場のブラック企業的な…
えーそーゆー風に考えたことなかった!!

日本でも「夫の産休」!?

というわけで、「おフランス伝説」のすべてがフランスの真実ではないけれど、妊娠出産育児支援に関しては感心するところがありました。ちなみにフランスでは、この「男の産休」を**「赤ちゃんと知り合うための期間」**と呼ぶそうです（ナイスなネーミング！）。

この産休に加え、近年は**「男の出産準備クラス」**という男性限定クラスも増えているんだそう。助産師さん曰く「女性の目線を気にしなくてよくなると、男性は出産や子育てへの不安や疑問をより気軽に口にできる。だから**男だけでやることが大切**」なんだとか。不安を口にすることを許される場所って、確かに必要！　フランス政府としても、家族政策の重要項目として**「子育てにおける父親の居場所を確保する」**を掲げているそうです。

そう考えていくと、同じ親なのに「育児の初期設定」から外されがちな日本の男性は「差別されている」のかも……とまで思ってしまったのですが、最近、朗報が届きました。**日本政府も「夫の産休」導入を検討し始めた**というのです。今後に期待大です。

そして、もうひとつフランスがいいなと思ったのは、無痛分娩を選びやすいこと。マンガでも描いたように、日本では病院や金銭的な事情で無痛にしたくても選べないことがよくあります。このあたりも変わってほしいのですが、まずは、**「お腹を痛めてこそ母親」的な考えは前時代的な明らかな間違い**というのが常識になってほしいと強く感じました。

出産が痛いし怖いしつかれる

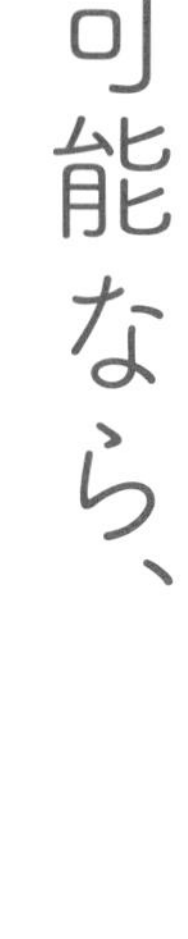

状況や金銭的に
可能なら、
無痛分娩にしてみる

日本の「イクメン」は「育児をするパパ」の意味

パパも保育園のお迎えに？わーイクメン！ステキ!!

いやーハハハ

私がほぼ毎日やっててたま〜にだけどね！

私「ステキ」とか言われたことないわーハハハ

フランスには「イクメン」にあたる言葉はないけど代わりにあるのは

Papa poule

「パパ・プール（雌鳥パパ）」という言葉

うちは夫のほうが寝かしつけがうまいのよ

いやーハハハ

あらパパ・プールね!!

こちらは「育児をものすごくするパパ」というニュアンスがある

さてそんなフランスで話を聞いたのはこの夫婦

日本人妻 髙崎さん ライター

フランス人夫 ピエールさん 食品メーカー会社員

9歳の長男

6歳の次男

フランスって一般的には家庭の家事育児分担はどんな感じなんですか？

実は多くの家庭ではまだ女性の負担のほうが多くて……国でも問題視されていますね

共働きが多いのに…

父親の育児参加は当たり前に行われてはいるけど……

ハハハ

さあ散歩に行こう!!

なーんか私が楽しくない

家事育児の担当が多いしなーブツブツ

では髙崎さんのご家庭は？

うちも私のほうが多いは多いけどかなりやってくれるし満足してますね

俺も満足してるな

そんな彼らの分担出産前は……

妻

家計負担半々

夫

料理

掃除

片づけ

アイロン

家計管理

私は産後に1年の育休を取りました
俺は「男の産休」のみで育休はなしです
→「男の産休」については前回記事を読んでね
妻の1年の育休中
日中
妻が家事育児
夜
妻が料理など
食器洗いは食洗機
夫は7時に帰ってきて
風呂入れ寝かしつけなど
掃除は週1回2時間のお手伝いさん
フランスでは一般的なので……
産後から4年間頼んでたよね
妻の仕事復帰後は上の基本に加え
夫が保育園送り
雑務は2人で
家計負担は夫少し多め
妻が迎え
買い物
食材選びにこだわりアリ！
洗たく&子どもの服の管理は妻
これもうサイズアウト！
掃除機は夫
ガー
私は掃除機の音が苦手で…
音消しヘッドフォン
子どもが小学生になってからは夫が宿題担当
フランスの学校の宿題チェックはフランスで育ってない私には厳しいので
現在夫は週1で自宅勤務の日があり
この日はランチデートしていろいろ話し合っています
なのでシッターの利用も年1、2回
2年前からは夜9時以降は大人の時間を楽しんでいる
基本は趣味タイム
夫はギター
妻はマンガ
子どもは寝ようが寝まいが子ども部屋に行くルール
え 2年前から？

フランスってすご――――く早くに卒乳して寝室も別にして
赤ちゃん時代から大人の時間を楽しんでるイメージですけど……
だってフランスは大人の国 アムールの国だもの
だってたとえば『フランスの子どもは夜泣きをしない』って本では
フランス人ママは母乳にこだわらない
大半が退院してすぐにやめてしまう
私は長男が10ヵ月 次男は1年間授乳してましたね
私にとってはラクだったし次男がミルクを飲まなかったので
フランスにしちゃ長い!!
じゃあ睡眠については
フランス人の赤ちゃんは朝までぐっすり眠る
親は夜を邪魔されずにまとめて眠れる

そうするためには……夜にすぐあやすのはやめてください
まずはじっくり観察
ふえっ
赤ちゃんが自力で落ち着くチャンスを与えてやるのです
その方法自体は効果的だしそれで夜は起きなくなる子ももちろんいますよ
でもうちは長男が……
カンの強いタイプ
アレルギーなどもある
もちろんすぐに抱かない育児を含めいろいろ試したけど……
ふぇーん ふぇーん ぶえ
……うちの子はそういうタイプじゃなかったんだね、
そういうことなんだな……
結局夜泣きにも対応してきたし長男が7歳までは4人で寝てました
がんばろー
同室別ベッド
うえー

それだと日本の家庭と変わらない！
結局 子どもの個性やリズムに合わせたらそうなったというか
理想どおりにはいかなかったね
へー
でも実は……
私には発達障害を持つ家族がいて
俺自身は軽めの失読症なんですよね
今でこそ普通に仕事できてますけど
そんな経験から私たちは知っているんです
「普通」がどれだけすごいかってことを
だから俺たちは子どもに多くを求めすぎないところがあります
結局フランスだって家庭ごとにそれぞれ違うってことですね
まあそりゃそーだ
でもその「人によって違う」が当たり前なのがフランスらしさかも
判断基準は外じゃなくてつねに自分たちにあるから
たとえば「幸せ」って言葉は政府の指針とかでも使われるけど
「幸せ」は社会や時代によって定義は簡単に変わってしまう
だからフランスでは「幸せ」より「開花する」という言葉をよく使うんです
S'épanouir
「自分たちらしく咲いている」ことをいちばん重視してるの
さてここで質問――
あなたにとって「自分らしい」家事育児とは何ですか？
おおっ最後はおフランスっぽいな!!
かっこいーー!!

2人で一緒に悩んできたから

この取材でわかったのは、「育児の理想郷」的に取り上げられがちなフランスにだって、夜泣きに悩んだり、寝室を子どもと分けるのに時間がかかったり、そういう家庭がちゃんとあるということ。つまり、それくらい**育児は理想どおりにいかないもの**なのです。

うまくいかないとき、「どうしてうちだけ!!」と自分や子どもを責めすぎてしまうと、ますます家族全員が追いつめられてしまいます。「**子どもは一人ひとり違う。想定外の問題だって起こる**」という大前提のもと、それに対応できる家庭や社会であることが大事なんだ、と今回あらためて思ったのです。

おそらくこの家庭は、かつては相当に悩んだり体力的につらかったのだと思います。ただ、こうして過ぎたこととして笑って話せるのは、**夫と妻が同じスタンスで育児に取り組んできた、2人で一緒に悩んできたから**なのでしょう。インタビューの中で「仏人男性は夫婦の時間を重視するとよく聞きますが、子育てで生活が変わったとき、寂しいと思ったことは?」とピエールさんに聞いたら、「**うちは夫婦2人とも同じくらい子どもに集中してたから**」とサラリと返されたのも、とても印象的でした。ちなみに、この夫婦の話し合いには、ランチデートの時間が有効に活用されているようです(今は新型コロナの影響で月イチに減ってしまったそうですが)。子どもなしで、大人だけでじっくり話し合うことって大事！　とあらためて実感したのでした。

「つかれない家族」のヒント
15

他の家庭と同じように
いかなくてつかれる

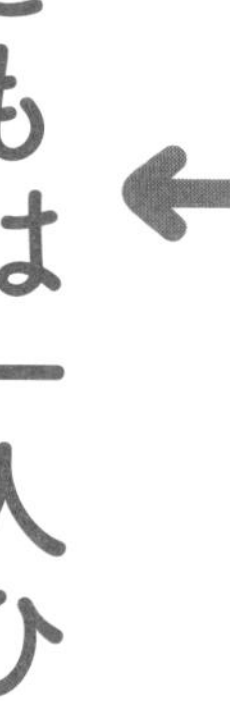

子どもは一人ひとり違うのが
当たり前と覚悟を決めて、
その子の個性に合った暮らしを
パートナーと探ってみる

(※)2019年9月より満3歳の年から「保育学校」は義務教育になった

うちは長男に
食物アレルギーが
あるんですけど
でも
小さい頃は
まだ原因が
わから
なくて……
とにかく
よく吐く子で
うっえっ
ある日ついに
保育士さんの
前で……
もうどうして
いいか
わかりません……
あら
あら
あら
ダー
保育園に
入った後は
毎日電話が
かかってきて
お母さん
吐いたので
迎えに来て
もらえますか
今日も
ですか!?
すると保育士さんは
聞いて
ください
私たちは
あなたに嫌な
思いをさせたくて
電話してるわけ
じゃありません
でもあなたは
働いてるし
大変なのね
ひっく
ひっく
吐いてしまう
原因は何なん
だろう……
そして
こんなに毎日
呼び出されて
いたら全然
仕事に
ならない……
せっかく
やっと
仕事復帰
したのに
……
じゃあこういう
ふうに変える
のはどう？
吐いた＆
熱もある
電話する
吐いたけど
元気
電話しない
え
どうしよう
どうしたら
いいの？
私だんだん
精神的に
追い詰め
られて
あれには本当に
救われました……
あと
「愛情が足りない」
とかじゃなくて
医学的要因を探そう
という基本姿勢だった
のもよかった……
それありがたい
ですねぇ!!
いい先生！

先生個人というより保育園が基本そうですね
保育園の基本的な考えが「親の負担を軽くする」だから保護者参加の行事も最低限だし
持っていく荷物も最低限！日本の保育園でよくあるように保護者が汚れたオムツを持って帰ることもありません
オムツ持って帰らなくていいんだ!!
エプロンやシーツも園の支給
通園は基本手ぶら
日本の保育園では毎日毎日汚いオムツしっかり持って帰ってましたよ!!
日本のオムツシステムをフランス人に話したら絶望的な顔をされましたよ
感染症予防とか言われて…意味よくわかんなかったけど!!
なんでストが起きないのかって
フランスでは誰もが「子育ては大変なもの」と理解しているんです
だから必要以上にさらに親に負担をかけることはしない
保育園の園長先生はこんなふうに言っていたこともありました
子どもにいちばん大切なのはやはり親なんです
どんな保育園も親の代わりはできない
親ってそれだけ大変な役目なの
だからこそみんなで親を助けなくちゃいけない
私たちはあなたたちを助けるためにもいるんですからね
だから何でも相談してね!!
私その頃まだ仕事と家事と育児の両立に慣れてなくてクタクタだったから……
じーん
ここでなら私も子育てできるかも!!

もちろん フランスの 育児環境には 欠点もいろいろ ありますよ
保育園はまだ 足りないし 街には オムツ替え スペースも 少ないし
オムツ替え スペースや 授乳室は 日本は 充実 してるよね
ただ 基本的には
国は手を尽くして 助けてくれる…… 「1人じゃない」 という安心感が ある
あと友だちはもちろん 街で会う他人だって…… 育児する人はみんなが 助けてくれる
国や社会に 守られながら 育児している 感覚がある ってこと……?
……
でも待って 日本にだって 子育て支援は いろんなものが あるし
私も いい 保育士さん たちに 助けられて きた
お母さん すごく がんばって ますよ!!
うるっ
子連れに親切な人 だってちゃんといる
ベビーカー 持ちますよ
わー 助かり ます!!
私はそういう体験も 日本でちゃんとしてきた
電車
でも……確かに そうじゃない こともたくさん あって……
泣きやまない のはお母さん の愛情が 足りないから!! もっとギュッと 抱きしめて!!
ええええ
他人
これタダの 寝ぐずり ……!!
区役所
寝かしつけ のあとで 仕事してる? それ保育園と 関係ない時間なので 保育園に入れる理由に なりません
働いていること になりませんね
!?
収入も 得てる のに!?!
私は 日本で
「国や社会に 守られながら 育児している」と 感じたことは ない

生活と政治はつながっている！

マンガにも描いたように、フランスの育児環境だって完璧ではありません。ほかのフランス在住ママの話によれば、保育園がストライキで急に休みになったり、親にとって不便なところもあるようです。そして日本にはフランスよりも優れている育児支援だってたくさんあります。熱心で、ケアが丁寧で、親の心に寄り添ってくれる保育士さんだってたくさんいます。

じゃあどうして私は日本で「国や社会に守られながら育児している」と感じたことが一度もなかったんだろう？　そこに、私はかなり引っかかってしまいました。思いつく理由はたくさんありますが、いちばんは**「育児は大変なもの。だから育児をする人たちを助けるのは当たり前」という意識が社会に浸透してない**ということが大きい気がしたのです。国が女性に「産め、育てろ、働け、輝け」というメッセージを強く発信するわりには、その大変さを理解して寄り添うようなメッセージはなかなか発信してくれない。それはなぜ？

フランスでは、大統領の方針のもと、政府閣僚の男女比は半々だそうです。国民議会選挙の候補を立てるときも男女半々。一方、**日本の女性国会議員比率は、先進国では最下位**です。政治家の年齢層もかなり高い。つまりは、**いまどきのリアルな子育てを知っている人が、国の方針を決める場にほとんどいない**のです。だから、政府の見解が前時代的でズレていたり、「育児は母親の仕事」という差別的な発言も出たりするのか、と納得。**自分の生活と政治は、思った以上に直結している。**この取材で、そのことに前よりも意識的になったのでした。

育児に対する、社会の冷たさにつかれる

← 育児に理解ある人に投票するなど政治参加してみる

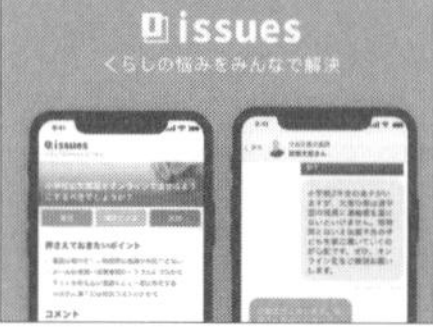

「issues」

たとえば保育園や学校など、社会システムによるつかれは家庭だけでは解決しにくいもの。2019年にできたこのサービスは、そうした要望を可視化し、一定以上の声が集まった要望は地元議員に声が届き、場合によっては議員と直接やりとりすることも可能。画期的すぎる!!

フランス在住のこちらのご家族

日本人妻 高崎さん ライター

フランス人夫 ピエールさん 食品メーカー会社員

9歳の長男

6歳の次男

話を聞いている限りご夫婦で考え方も合ってるしすごく仲良さそうですよね？

ケンカもしなさそうな……

ケンカなんて……

したした！かなりした!!

今でこそ落ち着いたけど息子たちが3歳で保育学校に入るまではそりゃあもう

ハハハ

ね!!

へー たとえば？

「男の産休」と呼ばれる2週間の長男の育児休暇のときは……

小さすぎて壊しちゃいそうだ!! この子ってほんとに俺たちがいないと何もできないんだなあ……

しみじみ…

ほんとにね

そんなかんじで夫はいろいろ育児をがんばってたんですが……

私は私で初めての育児や夜間授乳で疲労は限界で精神的にもいっぱいいっぱいで……

少しずつケンカも増えてきて

もっと育児書も読んで!!

なんで怒られないといけないんだ!!

そんなある日……

何を手伝えばいいの？

え？

ここは2人の大人が住む家でこの子は2人の子なのに……

「手伝う」？

「手伝う」って何？

プチッ
「手伝う」って考え方はおかしいでしょ？
自分で考えて動いてよ!!
えっー!!
善意から言ってるのになんだよ……
その日以来夫は長男が寝ると……
プイ
ピコピコ
…………
あれ以来殻に閉じこもるようにゲーム機に向き合って……
ピコピコ
…………
何でこんなことに……
赤ちゃんがいる家って幸せなんじゃなかったの……？
そこで2人は初めて真剣に話し合い
そして夫の産休明けの朝
…………
ぎゅー
…………
次に妻の肩を抱き寄せ
俺だけ先に仕事に出てごめんな
ぎゅっ…
ありがとう

………

ポロ
ポロ
ポロ
ポロ

ありがとぅぅ いってらっしゃい!!
わああん
そこまで泣く!?
ひっくひっく
やっぱ君って今ホルモンバランス崩れてるんだね!!

そんなふうに俺の産休は終わりました
あの濃密な期間 私たち夫婦の大きな転換点でしたね
ええ話… 仲直りして終わってよかったよ〜

でもうちはその後も長男のアレルギーとかいろいろあって……意見がズレるたびにじっくり話し合いましたね
やっぱり話し合いって大事ですよねー

ただ実際にはその話し合いができない家族がけっこう多いんですよね
どう切り出していいのかわからないとかただ怒られたりケンカになって終わっちゃうとか

うーん
うちはいつも前提として「別れたくない」があるからなあ
前提が「別れたくない」？
どういうことですか？

フランスは離婚率も高いからそういう家庭に出会うことも多いんですが……
私は話し合いたいときは彼にこんなふうに言ってたんですよ

ねえ
聞いて
私が
話し合いたい
のはあなたに
不満を
ぶつけるため
じゃないの
私は
あなたと
別れたく
ないの
私がしたいのは
別れないための
話し合いだから
聞いて
ほしいの
私たちが
お互いに無理なく
続けていくために
…………
それめっちゃ
うまい言い方
ですね!!
さすがライター!!
そりゃ逃げにくい気がする!
私本当に
キャパが狭い人間だし
ひとりで子育てなんて
できないから
必死だったんです
そういう
いろいろを経て
2人とも大人に
なりましたね——!!
こんなに話を
聞いてくれる人は
いないって
今は思ってます
あと私の仕事にも
理解があるし
助かってます
俺は
仕事も含め
彼女に対して
尊敬の念が
あるので……
あと仕事に理解が
あるのはお互いさま
なんですよ
今 月に数回出張で
留守にしますが
それも理解して
くれてるし……
俺たち最近は
少し余裕出てきて
子どもの独立後の
プランを考えたり
してますね
周りに仲のいい
年上カップルが多い
こともあって影響を
受けてるんです
へ—
いいですね
お互いに
好きなこと
したいよね
そうだねー
「子育て」について
ずっと話し合ってきた
夫婦は今——
「子育て終了後」に
ついて話し合いを
始めている

完璧な世界はないからこそ

今回の取材でわかったのは、世界から絶賛されているフランスの育児環境は、見習うところはたくさんあるけれど、完璧でもないということ。これはスウェーデンでも同じでした。つまり、**欠点のない育児環境なんて世界のどこにもない**のです。

さらに、このご家庭の長男くんは、アレルギーなどがあって子育てが簡単ではないタイプ。育児に悩む場面はかなり多かったと想像できます。それでも、「最近は少し余裕が出てきて、子どもの独立後のプランを夫婦で考えることもできるようになった」って、すごいと思いませんか？　この夫婦は、話し合いができたからこそ、いろんな危機を乗り越えてこられたのです。「不満をぶつけるためじゃなくて、別れないため、お互いが無理なく続けていくため」と話し合いの目的がハッキリしていたのもうまくいった秘訣なのでしょう。

話し合いの基本は、相手の話を聞くこと、歩み寄ること、アイデアを出し合うこと。それはフランスだろうが日本だろうが変わらない家族の基本です。

逆に言うと……パートナーにまともな「対話」をずっと拒否されている。口をきけばいつも自分の落ち度を責められる。自分の努力を一切認めてもらえない。全て自分が悪いのではと思えてきた……もう打つ手がない。人生がつらい。そんな場合は、別れることも考えていいと私は思っています。**家庭は、ひとりだけががんばってうまくいくわけはない**からです。

パートナーに
話し合いを拒否されてつかれる

←

不満をぶつけるためではなく、
お互いが無理なく生活を
続けていくための
「話し合い」だと伝えてみる

フランス編まとめ

もっと、つかれは減らせる！

「育児先進国」として、きらびやかにメディアに取り上げられがちなフランスを取材したことで、私は日本のいい部分も悪い部分も客観的に見られるようになりました。

マンガに盛り込めなかったフランスのいい部分はまだあります。たとえば日本では、育休手当が出るのは会社員だけですが、フランスでは**季節労働者やフリーランスでも同じように支給される**そう。私はまさにフリーランスなので、育休手当はゼロでした。そんな理由もあっての育休ゼロでの産後1ヵ月半で仕事復帰したのです。なので、心から羨ましい！

ただ、マンガにも描いたとおり、日本のほうが**産科医療自体はハイレベル**で、母乳マッサージなどの**出産関連サービスが充実**していて、**会社員の育休手当はトータルでは高い金額が出ます**。フランスの育休手当はだんだん下がっていくので、職場復帰を急ぐ人が多いのだとか。

つまりは、日本の育児環境の誇るべきところはそのままに、海外からいいとこどりしてさらにレベルアップすれば、日本の育児家庭のつかれはもっと減らせるのです。

さらに、髙崎さんのように「日本の参考になれば」と真摯な気持ちで海外の家事育児情報を発信し続ける海外在住の日本人はたくさんいます。そういう人たちの情報が世界中から集まる状況はすばらしいことだし、日本にとって明るい要素だなあ、とも思えた取材でした。

『フランスはどう
少子化を克服したか』
髙崎順子著（新潮新書）

マンガを描くにあたり、かなり参考にさせていただいたのがこの本。フランスの育児支援制度を具体例を挙げて紹介しています。日本も「夫の産休」制度が創設される方向で動き出しましたが、その背景にはフランスの影響がかなりあると思われます。そういう意味でも、今後出産を控える家族には参考になる部分が多そう。

おまけ　つかれない伝え方

理由① 島国で1つの民族が大多数を占める国だから
同じ日本人なんだから言わなくてもわかるでしょ!!
↑に慣れすぎ
……
理由② 「忖度（そんたく）」文化がある国だから
夫婦なんだから読みとってって感じとって!!
↑という期待
……
理由③ 「我慢が美徳」文化のある国だから
自分の意見主張しすぎもアレだしね…
↑という遠慮
……
このあたりはもともと考えていたんですが
自分が海外で暮らしてさらにそうかもと思った理由があって……
理由④ そもそも自己主張が下手
どーやって伝えていいかわかんない!!
↑態度だけで表す
……
これって日本の教育の影響がかなり大きいなあと……
日本は学校も会社も「人に迷惑をかけない」「和を乱さない」を重視して教育するけど
欧米の多くの国では小さいときから
自分の意見は主張して当たり前
さらにそれを論理的に説明する訓練を受けている
さらにその自己主張できない根底にあるのって
多くの日本人の自己肯定感の低さにもあるんじゃないかなーと……

スペインで生活していて感じたのは「自己肯定感を上げる文化」があること
息子の先生
彼はいい子よ! 最高よ!
基本ホメ
家庭
あなたを誇りに思うわ!
ぎゅー
ちゅっ
ハイ! 美人さん!
店員さんよく言う
でも日本は
ふつうは◯◯だから
それで満足しちゃダメ
もっとルールを守って
迷惑かけないように
みんなは◯◯だから
「ホメ」より「ダメ出し」の中で育つ人が多い国
その結果 理由⑤ そもそも自分の意見に自信がない
自分がワガママなだけかも…
という不安
……
そしてためにためて大爆発して熟年離婚したり…
わーーー そうなるくらいならもっと早めに少しずつちゃんと伝えていればよかったのに!!
とはいえ不満や要求をうまく伝えるって確かに難しいんだよね……
う〜む
そうよ私も日本人…
そこで最初の「かつてはうまく伝えられなかったけど変わった人」に聞くと
イタリア人と国際結婚しているAさん
育児本で知った「相手主語ではなく自分主語で話す」ってやり方で夫とも話すように気をつけてるよ
「自分主語」?
たとえば「相手主語」だと
あなたが片付けないから……
なんであなたはいつも……
むっ
相手を責める言い方になりやすい
でも「自分主語」だと
脱ぎっぱなしの服拾ってると切ない気持ちになるのよね
私もちゃんと伝えてなかったかもしれないけど……
多少やわらかな言い方になりやすいし相手にも響きやすい

まあそうやって言ったとしても効果がないときもあるし私もストレスたまりすぎてるときはできないけどね!!
ハハハ
今でもキレちゃうこともあるし!
でもそれ やり方のひとつとして知っておくのはいいよね
なるほど〜
フランス人と結婚しているAさんの場合
私は目的を見失わないように気をつけてるよ 相手を言い負かすことが目的じゃないっていうか
それって具体的に言うと?
相手を理詰めで攻めて議論で勝っても
……
あれ? なんかかえって私たちの関係は悪くなってる……?
ハッ
こうなると意味がない
気持ちをわかってもらうことが目的なら
お互いの妥協点を探って WIN-WINの道を探す!!
のが大事
あと「ごめんなさい」を言えるかどうかも大事だよね
これも勝ち負けが目的になっちゃうと言えないセリフ
なるほど確かに!
日本人同士だろうが 国際結婚だろうが 外国人同士だろうが 仲良さそうに見えるカップルは
話をしっかり聞いてみると みんないろいろ試行錯誤をしている 伝え方を工夫している そして必ず話し合っている
さてここで質問です
あなたは **パートナーにちゃんと気持ちを伝えてますか?**
伝え方で気をつけていること工夫していることはありますか?

友だちだと思って、伝える

マンガで紹介した「自分主語で伝える」、これは改めて考えると個人的にもとても納得できるのです。今までわが家でも、うまく夫に伝わったときは「自分主語」で話していたし、もめたときは「相手主語」で話していたような気も……（思い出していろいろ反省！）。

そして「勝ち負けが目的じゃない」も、とても納得。相手へのイライラがたまっていると、ついつい**「相手を言い負かしてやりたい」**スイッチが入りがち。100年の恨みを今こそ、みたいな復讐モードになってしまいがちなんです。でもそれって、たいていはつかれが増すだけの不毛な結果に終わってしまいます。

男女のコミュニケーションといえば、コラムニストのジェーン・スーさんのコメントもよく思い出します。**「大切な女友だちにしないことは、男性にもしない」**。これに気づけなかったから、私は相当イタかったんだと思います」……ああ、わかる！　相手が友だちだったら、不満があっても「どうやったらうまく伝えられるか」を思案するのに、家族だと遠慮がゼロだから、思いをただストレートにぶつけちゃうんですよね。そして失敗する。後悔する。問題も解決しない。だから家族間でも、怒り心頭なときこそ「これが相手が友だちだとしたら、どういうふうに伝えるかな」と一度クッションを置いて考えてみるといいと思うのです。パートナーは、**家族だけど、他人だから。**世界でいちばん近しい、大事な他人だから。

つかれを減らすアイテム、サービス、制度など総まとめチェックリスト

つかれないリスト（略して）

マンガで紹介した以外にも、
家族のつかれを減らすものは
まだまだあります。それらをまとめてみました。
チェックボックス付きです。

授乳のつかれを減らしたい！

□	授乳クッション
□	母乳ケアサービス
□	調乳ポット
□	保温水筒
□	ハンズフリー授乳クッション
□	ハンズフリー哺乳瓶
□	ウォーターサーバー（エコモード温水）
□	食洗機（哺乳瓶消毒）
□	液体ミルク
□	紙パック用乳首
□	家族で授乳シェア

そのほかの育児のつかれを減らしたい！

□	出張産後ケアサービス（産後ドゥーラなど）
□	産後ケア宿泊施設
□	パパ育休（国の制度）
□	ファミリーサポート
□	ベビーシッター
□	親戚、友人、知人、ご近所などと育児シェア
□	病児保育
□	育児記録アプリ（ぴよログ、MAMADAYSなど）
□	育児シェアサービス（AsMamaなど）
□	大人だけのひとり時間
□	イベント託児（マザーズなど）
□	トッポンチーノ（背中スイッチ対策）
□	ベビーモニター
□	オーペア（住み込み留学生シッター）
□	ねんトレ
□	産後ケア、シッターなどは自治体や会社から補助金が出ることもあるので、まずはそこからチェック！

□		床拭きロボット（ブラーバ）
□		窓掃除ロボット（ウインドウメイト）
□		家事手伝い
□		家族みんなで家事をする

お金のつかれを減らしたい！

□		家計アプリ（Money Forward ME、Zaimなど）
□		家電レンタルサービス（Rentioなど）
□		教育訓練給付制度（育児のための離職後最大20年まで資格取得のための補助が受けられる）
□		高額療養費制度（高額な医療費がかかった場合、限度額を超えた分が払い戻される）
□		年金の養育特例。時短勤務で給料が減っても、申請すれば、産前の月額標準報酬で年金を計算してくれる制度。
□	お金の補助はいろいろあるので自治体や会社の制度をチェック	

コミュニケーションのつかれを減らしたい！

□		買い物、やること共有アプリ（Google Keepなど）
□		スケジュール共有アプリ（TimeTree、Googleカレンダーなど）
□		ふたり会議（結婚前のお互いの価値観確認サービス）
□		夫婦デート（子ども抜きでの落ち着いた話し合い）
□		カウンセリングなど第三者への相談

料理＆買い物のつかれを減らしたい！

□		時短調理器（ヘルシオホットクックなど）
□		時短調理グッズ（みじん切りチョッパーなど）
□		食材＆お弁当宅配
□		冷凍食品、お惣菜、弁当
□		ミールキット（食材や調味料のセット。各社で販売）
□		ベビーフード
□		食洗機
□		家族の中で料理できる人を増やす
□		家事手伝い＆作りおきサービス
□		料理動画アプリ（クラシルなど）
□		炭酸水メーカー

掃除＆洗濯のつかれを減らしたい！

□		洗濯乾燥機
□		宅配洗濯代行（WASH&FOLDなど）
□		シワになりにくいジャケット、ワイシャツ（ALL YOURS、AOKI、ユニクロ感動ジャケットなど）
□		ロボット掃除機（ルンバ、ネイト、Eufyなど）

第3章まとめ

世界の家族が、変化している

多種多様な家族の生活、どんなふうに感じたでしょうか？　共感することも、憧れることも、反発心を覚えることも、違和感を覚えることもあったのではないでしょうか？

その感想を自分のなかで深掘りし分析することで、**「自分が本当にほしい家庭像」**の輪郭がよりハッキリしてくると思います。夫婦で感想を言い合うと、パートナーの本音も引き出せるかもしれません。

ところで、新型コロナウイルスの影響によって、世界中の家族の暮らしが劇的に変化しました。在宅時間が大幅に増えたことで、**もともとうまくいっている家族はさらに団結が強まり、もともとうまくいってなかった家庭はより問題が悪化する**、世界的にそんな二極化が起きたように感じています。フランスでは、家事分担の不平等がより顕在化し、離別するカップルが増えており、スペインでは、DVが以前より増えていると聞きました。今までなんとか表面上は問題をごまかしていた家族も、もはやそんなわけにいかなくなっています。**家族が試されている時代**、とも言えます。

というわけで次の章では、その後、私と夫がどう変化したのか、そして新型コロナの影響をどんなふうに受けたのかを紹介します。そして見えてきた本当の「つかれない家族」とは？

第4章

Hoshiinoha
Tsukarenai
Kazoku

そしてわが家は「つかれない家族」になれたのか？

ときには
家族ぐるみの
つきあいに
なることも
あったし

取材内容を
夫にしゃべる
こともよく
ありました

今日の
取材
すっごく
おもしろかった！

へー

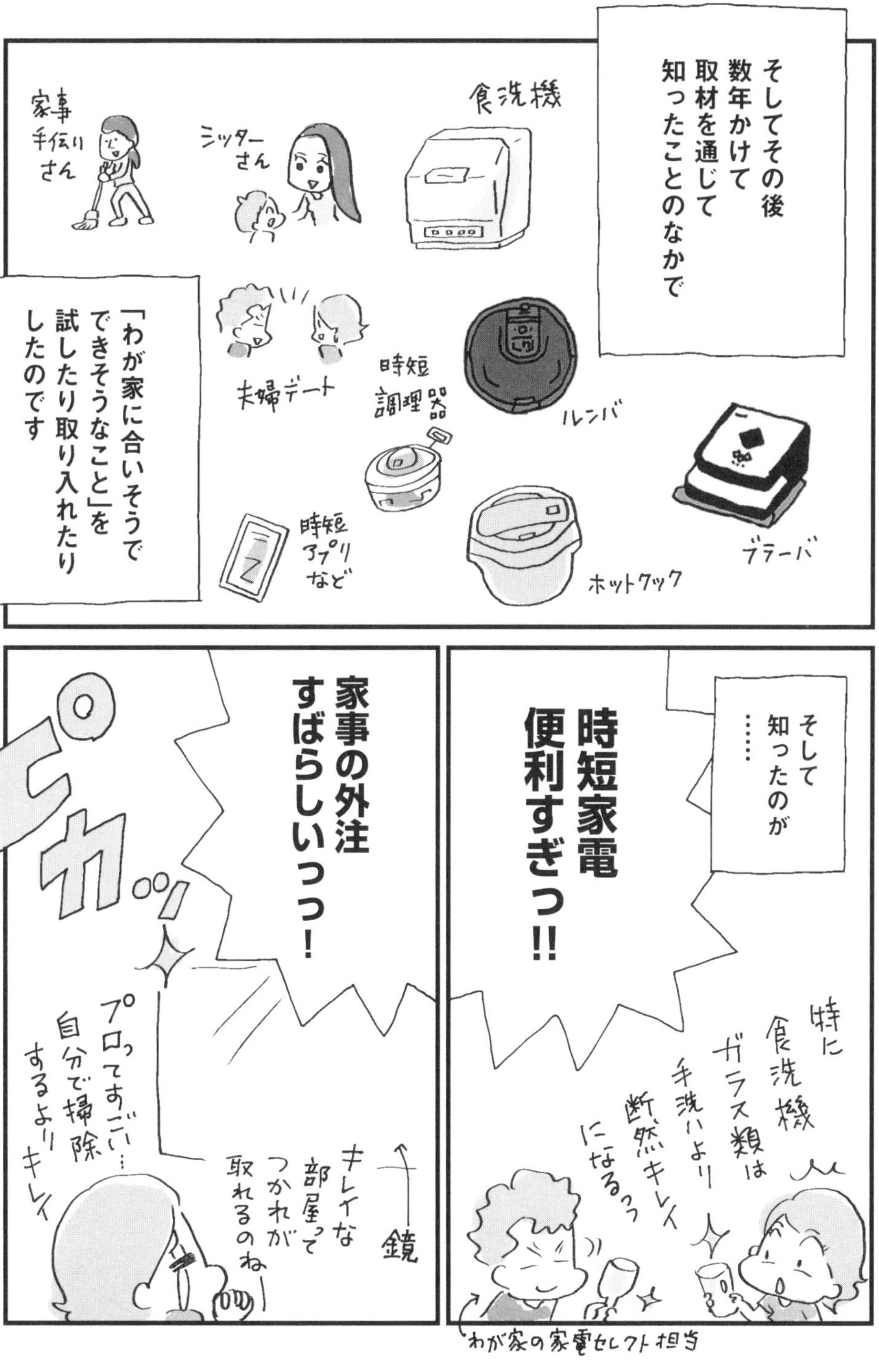

そしてその後
数年かけて
取材を通じて
知ったことのなかで

食洗機
シッターさん
家事手伝いさん
ルンバ
時短調理器
夫婦デート
ブラーバ
ホットクック
時短アプリなど

「わが家に合いそうで
できそうなこと」を
試したり取り入れたり
したのです

そして
知ったのが
……

時短家電
便利すぎっ!!

特に
食洗機
ガラス類は
手洗いより
断然キレイ
になるっっ

わが家の家電セレクト担当

家事の外注
すばらしいっっ!

ピカッ

プロってすごい…
自分で掃除
するよりキレイ

キレイな
部屋って
つかれが
取れるのねー

鏡

なかでも
いいなと
思ったのは
「夫婦デート」
1回目
久々すぎて
落ち着かない……
へんな
かんじ……
ぎくしゃく
最初こそ不思議
だったけど
だんだん慣れて
子どもがいない
状況でゆっくり
2人で話すと
……
いま仕事が
こーゆー状況
だから忙しくて……
家に全然
いられなくて
ホント悪いんだけど
それは
確かに
大変だね
知らなかった
お互いの状況が
わかることも
あって
うちのお互いの
イライラと
つかれの原因……
圧倒的に
話し合いの時間が
足りないせいも
あったんだな……
そっかー
……と
納得
したのです
そしてもうひとつ
いろんな人
の話を
聞くうちに
気づいたけど
……
私も私自身を
いろんな固定観念で
勝手に縛りつけてた
ところあったんだ
……
夫に押しつけられた
わけでもないのに
勝手にこうあらねばと
思ってた
いろんなこと……

家庭のなかで
それは本当に
「当たり前」
になり感謝も
されなくなる

これって「妻」でも
「パートナー」でも
なくない？

それなら
私でなくても
いいってことに
ならない？

ある意味
今のうちの状況は
私が作ったものでも
あったのかも
しれない……

……

……もう
やーめた

やーめた
やーめた!!
もう自分で
自分を縛るの
やーめた!!
せっかくスペインに
住んでるのに
グチグチグチグチ
悩み泣き続けるの
もうやーーめた!!
私だって仕事
ガンガンするし
スペインも楽しむ!!
だって私の
人生だもん!
という境地に
なったのでした

とはいえ
夫の仕事のために
スペインに
来たのだから
夫の仕事は
基本
優先&応援
するとはいえ
パパ連休
仕事だから
2人でどっか
いこっか
えー
また
仕事ー?
パパも今
仕事大事な
ときだから
自分の主張も
ガンガンする
ようになった
のです
○日あいてる?
ここフラメンコ
のライブに行き
たいんだけど
フランスに
取材に行きたい
んだけど!
えーと
あいてる
日はね…
その一方で
わが家の
「つかれない改革」
を進めて……
私より電化製品
使うの上手なので
ホットクックマスター
になった夫
チャーシュー
できた!
すごーい
おいしそー!!
お互いになんとか
海外での生活を
楽しめるように
なって
そして2019年
2年間のスペイン
生活終了
日本に帰国
海外での
大変なお仕事
おつかれさまです
いえいえ
こちらこそ
いろいろ
ありがとね
帰りたく
なーい!!
Tokyo

でも実は
私はこう思って
いたのです
夫……
スペイン生活の
後半はかなり
家事育児参加
するように
なったけど……
日本に帰って
生活変化したら
またきっと元に
戻るんだろう
なあ……
また
新しい仕事
になってバタバタ
するだろうし…
でも
予想外に
日本の家にも
食洗機
買おう!!
どれがいいか
チェックしたよ
平日の夜にも
週に1回は固定で
ユキちゃんが
自由に動ける日を
決めよう!
え
さらに
出社前に
ルンバ起動
したり
ハイ
いってらっしゃい
でー
ホットクックで
塩こうじと
しょうゆこうじ
作ってみました
あと
低温調理
肉も…
栄養バランス
バッチリ
ごはん
どどど
どーしたの?
なんか
すごすぎない?
むしろ
進化してるん
だけど!?
私より
いろいろ
ちゃんと
してる!!
何?
イヤなの?
イヤどころか
うれしいよ!!
でも正直
予想外で……
なに
それ
という感じで
理由は教えて
くれないの
ですが

彼なりに海外生活のなかで

いろいろ考えたことがあるのかもしれません

まあ海外生活ここには書ききれないほどいろんなことあったからなー

ハハハハ

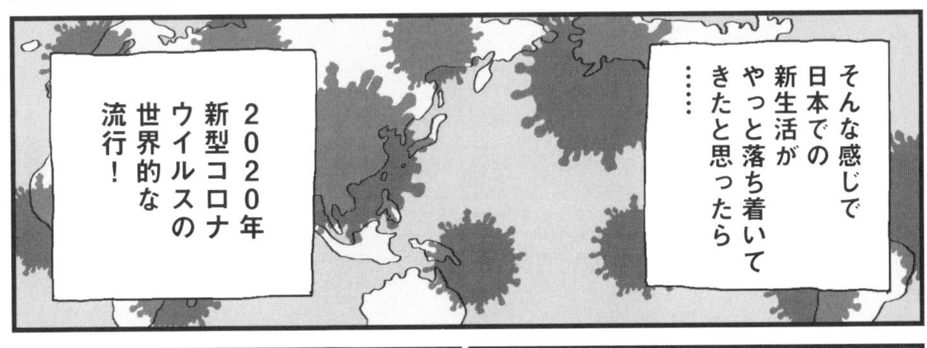

そんな感じで日本での新生活がやっと落ち着いてきたと思ったら……
2020年新型コロナウイルスの世界的な流行！

夫は完全在宅ワークに変わり
あんだけ出張と残業で家にいなかった人が100%家にいるって不思議すぎる!!
息子も休校で家にいる生活
仕事しながら学校の勉強も教えるって大変すぎるんですけど!!
わ〜ん

でも実はその期間
大変だったものの夫への家事育児的な不満はまったくなくて
夫は平日昼オンライン会議多いので子ども教育メインは私
料理は2人で夫は週末にニートソースなど作りおき作ってくれる
週1回のガッツリ買い出し係は夫
買い物と調理の計画が今ない人
助かる!!
←家の改革もいろいろしてくれた
世界中でコロナ禍のなかの家事育児不平等ストレス話が飛び交っているのにありがたや……
じーーん…
もしかしてうちが長――い時間かけて苦労して少しずつ少しずつ変わっていったのはコロナに備えてだったの?
ってくらい
でもひょっとしてもしかしたら
私のこれまでの「つかれない家族」取材も意味があったのかも……
取材した家族との交流や取材話の報告はもしかしたらいい効果があったのかもしれない……
どこの家庭ももめることはあるしいろいろ工夫しつつやってんだね～
そんなもんか…

そんな経験をしたからこそ――私はこの本を作ったのです
「うまくいっている家庭の話」は他の家族のヒントになることが多いと思ったから

ちなみに私が夫に取材話をするときは夫の比較として伝えるのではなく――

なんであなたはやってくれなかったの!?

こーゆー人もいるのになんであなたはできないの!?

見習ってよ!!

なるべく「ただのひとつの情報」として伝えるように気をつけてました

母乳をパパがあげることもあるんだって

日本で聞いたことなかったからビックリしちゃった

そんなところから
話題がふくらんで
やっぱうち
時短家電は
もっと必要だね
確かにそこは
なんとかしよう
長期育休とかは
私はムリかも……
たぶん仕事
したくなる……
ザ・日本人
オレもムリ……
仕事したい……
お互いの感想を
すりあわせたりして
なんとか
前よりは
つかれない家族
になれた気が
するのです
だからこの本は
「パートナーを攻撃
するためのネタ」
ではなく
「パートナーとの
前向きな
コミュニケーション
ツール」として使って
もらえると
嬉しいのです
ニーゆー夫婦の
コミュニケーション
いいなー
そーお?
私がいーなと
思ったのはさー
男性の
育休って
会社の
制度
じゃない
んだ!
ね
知らな
かったねー

な――んつって
えらそうに
語ってしまい
ましたがっ！
わはー
まあ実は
わが家だって
もちろん完璧な
家族になったわけ
ではなく 問題は
まだまだ山積み
でしてねっっ
日本ではスペインより
学童が充実してることなどもあり
家事育児外注は
利用しなくなったけど…
最近はまた
バタバタ生活で
夫婦の
コミュニケーション
不足になってるし……
う――ん
なんとか
しなきゃね
息子習いごと＆
学校などの
悩みも増えて…
前とは
違う感じの
つかれも
出てきた！
まだまだ
わが家も
つかれない家族を
目指して毎日が
試行錯誤中
自宅以外でも
仕事できる
シェアスペースを
利用し
始めたり
小杉湯
となり
そんな
日々でたまに
思い出すのは
以前ある
読者さんから
いただいた
メッセージ

その方は
共働きの
双子のパパで

妻とほぼ五分五分で
家事育児を分担する
自分の生活を
教えてくれたうえで

テーマが
「つかれない家族」ですが
別につかれても
いいんじゃないかと
思います

夫婦げんかは
しょっちゅうです
子どもの行動に
イライラすることも
しょっちゅうです

確かに 家族といると
つかれることは多いです

でもそれって
ごく普通じゃないかな
つかれないほうが不自然かと

私はつかれない家族は
求めません

毎日 家事育児と仕事で
大変ですが
今の生活に不満はないです

家族にはすごく感謝しています

つかれても幸せ

うわー……なんて染みる言葉……

確かに実際にはどんなに周りに頼って手抜きしたって子育てって完全につかれがゼロになることなんてないしね

病気とか予想外のこともりだくさん……

……でも私は知っているのです
極度につかれると「幸せ」なんてとても言えない状態になることも……
だからこそ

この本がヒントになって「つかれても幸せ」と言える家族が増えることを祈っています

お互いにがんばりすぎずがんばりましょー!!

おわり
連載&この本を読んでいただきありがとう!!

Special thanks…編集の藤枝コーチ、デザインのあんバターオフィスさん、そのほかこの本の制作営業販売に関わっていただいたみなさま、取材&リサーチにご協力いただいたファミリー、バル・ハラユキのメンバー、東洋経済&編集吉川さん、そして愛する家族